Marc Stollreiter
Johannes Völgyfy

Selbstdisziplin

unseren Lesern
und Leserinnen gewidmet

Marc Stollreiter
Johannes Völgyfy

Selbstdisziplin

Handeln statt aufschieben

Die Deutsche Bibliothek - CIP-Einheitsaufnahme:

Stollreiter, Marc:
Selbstdisziplin : handeln statt aufschieben / Marc Stollreiter ;
Johannes Völgyfy. – Offenbach : GABAL, 2001
(GABAL Business)
ISBN 3-89749-137-0

Lektorat: Tanja Reindel, Frankfurt am Main
Cover: +Malsy Kommunikation und Gestaltung, Bremen
Titelfoto: +Malsy Kommunikation und Gestaltung, Bremen
Satz und Layout: image team, Bremen
Druck: rgg Druck- und Verlagshaus, Braunschweig

© 2001 GABAL Verlag GmbH, Offenbach

Verlagsinformationen:
Jünger Verlags Gruppe, Schumannstraße 161, 63069 Offenbach
Tel.: 069 / 84 00 03-13   Fax: 069 / 84 00 03-40
E-Mail: verlag@juenger.de

INHALTSVERZEICHNIS

Einleitung

Wozu Selbstdisziplin?

„Ich will endlich wieder rauchen, Alfried!" „Wirklich? Davon hast du mir gar nichts erzählt, Gottlieb." „Doch, doch. Das nehme mir schon seit Jaaaahren vor. Aber ich schaffe es einfach nicht." „Du warst doch früher Kettenraucher. Was ist plötzlich so schwierig am Rauchen?" „Ich weiß auch nicht. Eine Zeit lang geht alles gut. Es schmeckt mir, und ich komme auf einen traumhaften Nikotinspiegel. Aber nach zwei bis drei Wochen ist alles wieder beim Alten. Ich bin total verzweifelt."

Sind Sie jemals Zeuge eines solchen Gesprächs geworden? Wahrscheinlich nicht. Weil es kaum Nichtraucher gibt, die durch ihren Verzicht unglücklich geworden sind!

Kennen Sie Menschen, die glücklich darüber sind, unangenehme Aufgaben und Entscheidungen ständig aufzuschieben?	Kennen Sie Menschen, die sich darüber beklagen, dass sie regelmäßig zu ärztlichen Vorsorgeuntersuchungen gehen?	**Selbstdisziplin macht glücklich**
Oder kennen Sie Menschen, die unter der „Aufschieberitis", dem damit verbundenen Stress und der mangelnden Arbeitseffizienz leiden?	Oder kennen Sie Menschen, die bekennen, dass sie aus Angst vor der Wahrheit nicht zum Arzt gehen und lieber Krankheiten in Kauf nehmen?	

Kennen Sie Menschen, die es bedauern, virtuos Geige zu spielen?	Oder kennen Sie Menschen, die es bedauern, das Erlernen eines Musikinstruments abgebrochen zu haben?
Kennen Sie Menschen, die es bedauern, virtuos Geige zu spielen?	Oder kennen Sie Menschen, die bekennen, dass sie aus Angst vor der Wahrheit nicht zum Arzt gehen und lieber Krankheiten in Kauf nehmen?

Natürlich sind Fälle bekannt, in denen ehemalige Alkoholiker trauern: „Früher hatte ich meine Patentlösung immer im Kühlschrank. Heute muss ich all meine Probleme selbst lösen." Aber mit welcher Lebenssituation sind diese Menschen unter dem Strich zufriedener und glücklicher?

Das Leben ist zu kurz, um seine Träume auf ewig vor sich herzuschieben. Das verursacht permanente Unzufriedenheit mit Ihren Lebensumständen und unterhöhlt noch dazu Ihr Selbstvertrauen. Selbstdisziplin wird Ihnen da zu mehr beruflicher und privater Lebensqualität verhelfen können.

Sie profitieren dann besonders gut von diesem Buch

... wenn Sie die Erfolgsbalance zwischen Beruf, Privatleben und Gesundheit erreichen wollen.
... wenn Sie einen Qualitäts-Check Ihrer persönlichen Ziele vornehmen wollen.
... wenn Sie Entscheidungssicherheit gewinnen wollen.

… wenn Sie lernen wollen, gesetzte Prioritäten auch wirklich einzuhalten.

… wenn Sie bei Ihren Vorhaben Ihr Durchhaltemögen drastisch steigern wollen.

… wenn Sie das Aufschieben von Aufgaben überwinden wollen.

… wenn Sie den Mut zum Neinsagen finden wollen.

… wenn Sie mehr Leistungsklarheit und Erfolgsbewusstsein durch tägliche Selbstkontrolle erlangen wollen.

… wenn Sie erfahren wollen, wie Sie neue Gewohnheiten aufbauen und festigen können.

Selbstdisziplin ist nicht Disziplinierung

Wie kommt es dann, dass trotz all dieser erreichbaren Vorzüge dem Thema Selbstdisziplin in unserer Gesellschaft mit großer Skepsis begegnet wird? Viele von uns, auch wir Autoren, assoziieren mit dem Begriff „Disziplin" negative Gefühle und Erinnerungen. Disziplin wurde uns nicht im Elternhaus, in der Schule und beim Militär abverlangt. Problematisch für unser heutiges Verständnis war daran, dass diese Form der Disziplin

■ von außen auferlegt wurde, das heißt, es lag nicht unsere eigene Entscheidung zu Grunde – Disziplin trat in Verbindung mit Freiheitsbeschränkungen auf. Dem Menschen wohnt jedoch ein vielfach nachgewiesenes Streben nach Freiheit inne.

■ uns nicht einsichtig war. Kinder leben besonders stark für den Augenblick. Aufgrund dieses beschränkten zeitlichen Horizonts konnten wir als Kinder kaum einen persönlichen Nutzen für uns darin erkennen, unsere Hände zu waschen oder die Hausaufgaben zu erledigen. So haben wir fälschlich den Schluss gezogen, Disziplin mache keinen Sinn. Wir konnten nicht nachvollziehen, wozu wir Dinge tun sollten, obwohl sie doch offensichtlich *unangenehm* waren.

11

Disziplin und Selbstdisziplin hingen und hängen in den meisten Fällen unmittelbar zusammen: Letzten Endes waren *Sie* es, der – zwar widerwillig, aber doch – zum Waschbecken ging oder über den Hausaufgaben saß. Auf diese Weise hat die Selbstdisziplin den bitteren Beigeschmack der Disziplinierung geerbt. Diese Sichtweise stellen viele von uns als Erwachsene nicht mehr in Frage.

Selbstdisziplin ermöglicht Selbstverwirklichung

Die meisten Menschen warten darauf, dass das Leben ganz leicht wird. Sie warten, dass

- ■ ein geheimnisumwehter Motivationswind sie ergreift und sie wie auf einem fliegenden Teppich an ihr Ziel bringt.
- ■ der Weg zu ihren Träumen der Weg des geringsten Widerstandes wird.

Selbstdisziplin verlässt den verschlungenen Pfad des geringsten Widerstandes und führt Sie auf kürzestem Weg zu Ihrem Ziel. Damit sparen Sie in *Summe* Kraft und Zeit. Ohne Selbstdisziplin werden viele Versprechen, die Sie sich selbst gegeben haben, niemals eingelöst. Was halten Sie von einer Person, die ihre Versprechen immer wieder bricht? Am schmerzlichsten ist doch der Vertrauensbruch sich selbst gegenüber! Mit Hilfe von Selbstdisziplin werden Sie sich selbst gegenüber nicht mehr wortbrüchig. Sie realisieren Ihre Vorhaben auch dann, wenn es einmal nicht so leicht geht. Das führt zu satten Einzahlungen und zu einem ansehnlichen Guthaben auf Ihrem „Selbstvertrauens-Konto".

Selbstdisziplin schafft Selbstvertrauen!

Selbstdisziplin bedeutet, das zu tun, was Ihnen selbst wirklich wichtig ist. Das heißt, dass Sie mit Hilfe von Selbstdisziplin im Stande sind, Ihre *eigentlichen* Prioritäten nicht nur zu erkennen, sondern auch danach zu han-

12

deln. Sie führen dann endlich das Leben, das Sie wirklich führen wollen und werden zu der Person, die Sie schon immer sein wollten.

Gehören nicht auch Sie zu den zahllosen Berufstätigen, die arbeiten „wie ein Verrückter" – und trotzdem gehen Sie Abend für Abend mit dem Gefühl nach Hause, nicht wirklich etwas geschafft zu haben, aber geschafft zu sein? Das unscheinbare Wörtchen „eigentlich" signalisiert Ihnen, dass Sie sehr wohl wissen, was zu tun wäre. Doch Sie gehen den Weg des geringsten Widerstandes und ignorieren Ihre innere Weisheit, die auf all Ihrer beruflichen *Erfahrung* gründet. Wann immer wir in unseren Seminaren rechnerische Verfahren anwenden, um die wahren beruflichen Prioritäten der Teilnehmer zu ermitteln, gibt es so gut wie keine Überraschungen. Unsere Teilnehmer kennen ihre Prioritäten sehr gut. Aber sie handeln oft nicht danach. Was glauben Sie, wie viel Effektivität auf der Straße der blinden Geschäftigkeit unter die Räder kommt?

Selbstdisziplin schafft Produktivität!

Keine Frage: Motivation ist eine unabdingbare Voraussetzung für das Erreichen von Zielen. Motivation ist der Treibstoff, mit dem unser Lebensmotor läuft. Doch mit Motivation allein ist es in vielen Fällen nicht getan. Erst wenn Sie sich nicht länger der Illusion hingeben, das Leben müsse eine Fahrt durch den Sandkasten sein, wird der Sand aus Ihrem Getriebe verschwinden! Dann setzen Sie Ihre Vorhaben konsequent um – auch wenn es eben nicht leicht ist.

Motivation + Selbstdisziplin = Erfolg

Sparschwein und Spaßschwein
Natürlich kann jede Form der Anstrengung bedeuten, kurz- bis mittelfristig auf Belohnungen von außen zu verzichten. Am Ende rechnet sich Selbstdisziplin. Selbstdisziplin macht glücklich, weil der Einsatz von heute der doppelte Lohn von morgen ist.

Doppelter Lohn

13

> **Jede Investition in Ihr Sparschwein nährt auch Ihr Spaßschwein.**

Selbstdisziplin ist ein Werkzeug

Wobei wir vor Einseitigkeit ausdrücklich warnen: Wer sich zu viel Freude verwehrt, lebt in Sachen Selbstdisziplin über seine Verhältnisse. Selbstdisziplin ist ein Mittel zum Zweck. Selbstdisziplin ist wie eine Investition in einen „blue chip", eine Aktie, die im Wert sicher steigt. Selbstdisziplin gerät erst in Verruf, wenn das Spaßschwein auf das Sparschwein eifersüchtig wird, weil Sie nichts anderes mehr tun als sparen. Irgendwann erhebt das Spaßschwein die berechtigte Frage: „Wozu sparst du eigentlich, wenn du nichts mit deinem Ersparten anfängst?" Das trifft unter anderem auf jene Menschen zu, die Zeit ihres Lebens schuften – oft angeblich der Kinder willen. Was geschieht mit dem erwirtschafteten Vermögen? Zeit ist Geld. Geld ist aber auch Zeit. Darum ist es möglich, dass Sie sich von dem Ersparten selbst Zeit abkaufen, um mit Ihren Kindern zu spielen oder mit Ihrem Partner Urlaub zu machen. Wenn Sie heute in Ihr Sparschwein investieren, indem Sie sich anstrengen oder auf etwas verzichten, dann sollten Sie das deswegen tun, weil es sich in der Zukunft für Ihr Spaßschwein bezahlt macht. Leben Sie in einer Art und Weise, dass Sparschwein und Spaßschwein gleichermaßen auf ihre Kosten kommen. Dann dürfen Sie am Ende Ihres Lebens mit Fug und Recht behaupten: „Schwein gehabt!"

Aufschieben wird belohnt

Das soll aber nicht heißen, dass Sie sich eines Tages selbstzufrieden zurücklehnen können. Selbstdisziplin ist eine lebenslange Aufgabe, weil die sich stetig ändernden Rahmenbedingungen Sie immer wieder in Versuchung führen werden: So besteht eines der Hauptprobleme der Aufschieberitis darin, dass sie eine sich selbst belohnende Gewohnheit ist. Was passiert unmittelbar nachdem Sie das Telefonat mit Ihrem Vorgesetzten verschoben haben? Erleichtert wischen Sie sich den kalten Schweiß von der Stirn. Ihr vegetatives Nervensystem bedankt sich bei Ihnen. Die „Gefahr" ist vorüber, die Stressbelastung nimmt ab. Das ist nichts anderes als eine *Belohnung*. Und ein Verhalten, das belohnt wird, tritt zusehends häufiger auf.

Wollen Sie in Ihrem Leben Bedeutungsvolles erreichen? Dann werden Sie um ein Quäntchen Selbstdisziplin nicht herumkommen. Sie hilft Ihnen, auf dem kürzesten Weg zu Ihrem Ziel zu gelangen. Es ist, als führte Sie Ihr Weg über eine schiefe Ebene. Sobald Sie glauben, den Weg ohne jeden persönlichen Einsatz absolvieren zu können, wird Sie das unsichtbare Gefälle automatisch unerreichbar weit von Ihrem Ziel wegführen.

Persönlicher Einsatz ist gefordert

> **Der Weg des geringsten Widerstandes führt meist ins Tal – selten zum Gipfel.**

Wie dieses Buch ein Erfolg für Sie wird

Dieses Buch ist voll von erprobten Praxistipps. Halten Sie sich gar nicht damit auf, sich zu überlegen, welche Techniken Sie *nicht* in Ihre Praxis übertragen können. Letzten Endes wollen Sie mit einer vollen Schatztruhe dieses Buch beenden. Sie haben daher wenig davon, wenn Sie herausfinden, wo Ihnen etwas *nicht* hilft. Befinden Sie hingegen ein Wirkmittel für sehr nützlich und haben Sie mehrere Anwendungsfelder ausfindig gemacht, ist es durchaus sinnvoll, dass Sie sich über mögliche Ausnahmen von der Regel Gedanken machen.

Viele Praxistipps

Lebenslange Herausforderung Es ist durchaus möglich, dass Sie dieses Buch nur aus akademischem Interesse erworben haben. Vielleicht hat man es Ihnen geschenkt. In jedem Fall werden wir Sie in diesem Buch als Beteiligten ansprechen. Immerhin ist Selbstdisziplin eine lebenslange Herausforderung, und praktisch jeder kann jeden Tag lernen und dadurch wachsen.

Wir können Ihnen schon jetzt versprechen, Sie werden im Verlauf dieses Buches viel Neues hören. Der ein oder andere Praxistipp wird Ihnen vielleicht bekannt vorkommen. Womöglich sind Sie dann enttäuscht und versucht zu behaupten: „Das ist ja trivial! Ich habe mir etwas mehr von diesem Buch erwartet." Nehmen Sie nur als Beispiel die Binsenweisheit „Zuerst die Arbeit, dann das Vergnügen." Natürlich kennt jeder diesen Spruch. Aber fragen Sie sich offen „*Handle* ich auch danach?".

Kennen und Können sind zwei Paar Schuhe.

Lassen Sie uns also gemeinsam das Abenteuer Selbstdisziplin wagen und uns der Herausforderung stellen. Es lohnt sich.

Das TATEN-Programm®

„Fünf Schritte zum Erfolg" Das TATEN-Programm® besteht aus fünf Schritten, die den gesamten Prozess des Verwirklichens eines Ziels umfassen – von der Zieldefinition und Entscheidungsfindung über die konkrete Umsetzung und Erfolgskontrolle bis hin zur Etablierung neuer Gewohnheiten.

16

Träumen
Abwägen
Tun!
Erfolge kontrollieren
Neue Gewohnheiten festigen

Träumen zu können ist eine der wichtigsten Fähigkeiten **Träumen**
des Menschen. Keine Träume mehr zu haben, würde bedeuten, mit dem Leben abgeschlossen zu haben. Wissenschaftliche Untersuchungen beweisen, dass ohne langfristig angelegte Ziele ein effektives Selbst-Management nicht
möglich ist. Sodann werden wir Ihre Ziele gründlich
durchleuchten. Die Ziele-TREPPE verrät Ihnen, was ein
gutes Ziel leisten sollte, damit Sie mit ihm Stufe um Stufe
auf dem Weg zum Erfolg erklimmen können.

Eine wichtige Ursache mangelnder Selbstdisziplin besteht **Abwägen**
in der Weigerung, verbindliche Entscheidungen zu treffen. Und falls es zu einer Entscheidung kommt, wird sie
häufig bei der erstschlechtesten Gelegenheit „noch einmal
überdacht" und in ein entschiedenes „Vielleicht" umge-
wandelt. Beim Zielesetzen ist es wie im Supermarkt – die
Kasse wartet, und der Preis ist zu zahlen! Fallen Sie nicht
dem Silvester-Syndrom durch voreilige Beschlüsse an-
heim. Machen Sie es sich statt dessen zur Gewohnheit,
Ihre Vorsätze gründlich abzuwägen.

Wir haben zu diesem Zweck ein Entscheidungsmodell für
Sie entwickelt: das „duale Denken". Mit dem dualen Den-
ken gelangen Sie zu echten, tragfähigen Entscheidungen.
Keine bösen Überraschungen hinterher, keine Rückfälle
und keine falschen Versprechungen an sich selbst und an-
dere! Denn für Entscheidungen, die nicht halten, zahlen
Sie einen zu hohen Preis – Abbuchungen auf Ihrem
„Selbstvertrauens-Konto".

Mit dem Setzen realistischer und zugleich herausfordernder Ziele hingegen, halten Sie den Schlüssel zu mehr Erfolg und der Steigerung Ihres Selbstvertrauens in Ihren eigenen Händen. Ihr wachsendes Selbstvertrauen führt zu wachsender Erfolgserwartung. Diese wiederum ist die Voraussetzung für das konsequente Verfolgen Ihrer Ziele. Wer ist schon konsequent, wenn er nicht daran glaubt, sein Ziel auch wirklich zu erreichen? Selbstvertrauen erfordert und ermöglicht erst den konsequenten Umgang mit den eigenen Zielen.

Tun Dieses Kapitel bildet erwartungsgemäß den Schwerpunkt unseres Buches. Hier werden Sie erfahren, wie es zu Inkonsequenz kommt und was Sie davon abhält, zu handeln. Letzten Endes gibt es nur zwei Arten von mangelnder Selbstdisziplin:

1. Impulsivität: Sie tun etwas, obwohl Sie es *nicht* tun wollen – Sie können einer Versuchung nicht widerstehen. Der Geist ist willig …
2. Mangelnde Willensstärke: Sie tun etwas *nicht*, obwohl Sie es *tun* wollen – Sie können sich nicht zum Handeln bewegen.

Im ersten Fall erleben Sie sich wahrscheinlich als fremdgesteuert, im zweiten Fall als ungesteuert. Beides gibt auf Dauer Anlass zu starker persönlicher Unzufriedenheit. Lernen Sie also, wie Sie sich selbst auch zu unangenehmen Aufgaben auf dem Weg zu Ihren Zielen überwinden können. „Aufschieberitis" ade! Dazu machen Sie Bekanntschaft mit einer Fülle von neuen Denkstrategien. Denn Selbstdisziplin beginnt und endet in Ihrem Kopf! Die angebotenen Techniken werden Sie außerdem befähigen, Gefühle des Unmuts zu überwinden sowie Versuchungen vielfältiger Art zu widerstehen.

Was denken Sie, wie viele Ihrer Vorhaben einfach nur des- **Erfolge kontrollieren**
halb im Sande verlaufen, weil Sie „vergessen" werden?
Grund für Ihr Vergessen ist gar nicht Ihr fehlender Wille.
Sie hätten durchaus die Energie zur Umsetzung Ihres Vorhabens gehabt. Doch haben neu hinzugetretene Ziele die
alten Vorhaben unbemerkt verdrängt. Um diesem Ver-
drängungswettbewerb Herr zu werden, sind Sie auf die
Kontrolle Ihrer eigenen Leistung angewiesen. Unsere Er-
folgsformel lautet daher: Ziel + Kontrolle = Konsequenz.
Darüber hinaus erlernen Sie einen konstruktiven Umgang
mit Fehlern und Rückschlägen, denn Fehler sind Helfer.
Sie erfahren, wie Sie die Energie, die Sie in Ihre Aufgaben
investiert haben, zurückgewinnen und wie wichtig es ist,
dass Sie sich selbst für Ihre Erfolge belohnen und sie angemessen feiern.

Wir haben viele Teilnehmer unserer Seminare sagen **Neue Gewohnheiten**
hören: „Selbstdisziplin hat man oder hat man nicht. Und **festigen**
ich habe sie eben nicht." Selbstdisziplin haben oder nicht
haben, ist kein Schicksal. Richtig ist, dass die meisten
Aspekte von Selbstdisziplin mächtige, manchmal über-
mächtige Gewohnheiten sind, wie etwa Konsequenz, Frustrationstoleranz oder Willensstärke. Die meisten Gewohnheiten sind erlernt. Daher kann man sie auch wieder
verlernen beziehungsweise gezielt durch neue und andere
Gewohnheiten ersetzen. Ist aus einem angestrebten Verhalten erst einmal eine erlernte Gewohnheit geworden,
können Sie unbesorgt zu neuen Ufern aufbrechen, sprich,
sich neue Ziele setzen und erneut träumen.

1. Träumen (TATEN)

Scheinerfolge durch blinden Arbeitseifer Nach allem, was wir heute über Topmanager, Spitzensportler und andere „Erfolgsmenschen" wissen, sind Fleiß und Selbstdisziplin fester Bestandteil ihres Erfolgsrezepts. Sein Glück hingegen vorwiegend in Überstunden zu suchen, hat wenig Aussicht auf längerfristigen Erfolg. Die Effizienz von Überstunden ist erschreckend gering, wie arbeitspsychologische Untersuchungen belegen. Und viele Autoren haben darauf hingewiesen, dass gerade übereifrige Mitarbeiter in vielen Fällen geschickt getarnte Aufschiebende und Workaholics sind. Diese Mitarbeiter sind sich unter der Tarnkappe des manischen Vieltuers teilweise ihrer Prioritäten nicht bewusst, teilweise kommen Sie vor lauter Arbeitseifer zu nichts. Die wirklich wichtigen aber unangenehmen Arbeiten bleiben unerledigt, wobei „unangenehm" auch bedeuten kann, dass die betreffenden Arbeiten keine raschen Erfolge versprechen.

Das 80-20-Prinzip In unseren zahlreichen Führungsseminaren und auch im Coaching hat sich immer wieder bestätigt, dass erfolgreiche Führungskräfte ihre Energien wohl dosiert an den strategisch wichtigen Punkten einsetzen. Das Pareto-Prinzip besagt, dass zwanzig Prozent der investierten Mittel bereits achtzig Prozent der Resultate bringen. Der erfolgreiche Manager ist ein wandelndes Pareto-Prinzip. Damit lässt er es natürlich nicht bewenden, sondern investiert noch zweimal zwanzig Prozent seiner Energien – und erreicht damit schon zweihundertvierzig Prozent.

Teufelskreis Aktionismus Übereifer und Aktionismus sind das genaue Gegenteil von selbstdisziplinierten Arbeiten. In unserem Buch

„Stress-Management" beschreiben wir den Teufelskreis des Aktionismus. Die Freifahrt in diesem Hamsterrad erwerben Sie durch Zukunfts- und Versagensängste. Sie befürchten von Anfang an: „Ich werde mit meiner Arbeit nicht fertig!" Diese Angst wird zu Ihrem diabolischen Berater, und Sie verfallen augenblicklich in einen rasenden Galopp auf der Nebenfahrbahn. Der blinde Arbeitseifer führt zwar zu schnellen Scheinerfolgen – die Sie unglücklicherweise auch noch in Ihrem Handeln bestätigen –, doch ganz allmählich wird Ihnen klar, dass sich langfristig nur unbefriedigende Resultate einstellen. Kein Wunder, ohne jedwede strategische Überlegungen! Um die mangelnde Effizienz des Aktionismus zu kompensieren, vervielfachen Sie die Drehzahl in Ihrem Hamsterrad. Mittlerweile ist es schon nicht mehr von Belang, wie diese traurige Geschichte ausgeht. Die Prophezeiung erfüllt sich selbst: Entweder werden Sie in letzter Minute fertig. Dann werden Sie stolz verkünden: „Wie gut, dass ich mich ohne Planung in die Arbeit gestürzt habe. Die Planungszeit hätte mir hinten und vorne gefehlt." Oder aber Sie können das Projekt tatsächlich nicht abschließen. So oder so fühlen Sie sich in Ihrer ursprünglichen Befürchtung („Ich werde mit meiner Arbeit nicht fertig") bestätigt.

Es gibt zwar Zeitprobleme, aber noch mehr Prioritätenprobleme.

Woher wir glauben, das alles von Ihnen zu wissen? Ganz einfach. Die überwiegende Mehrheit unserer Seminarteilnehmer und Klienten kommt mit der Erkenntnis in unsere Seminare und Coachings, dass Überstunden allein ihr Problem nicht mehr lösen. Allmählich dämmert es ihnen, dass zum einen der Output von Überstunden erschreckend gering ist und zum anderen, sie es mit einem psychologischen Problem zu tun haben, bei dem Selbstdisziplin das Zaubermittel ist, das ihnen zu mehr Lebensqualität verhelfen wird.

Wir wollen nicht bestreiten, dass Sie es nicht auch im Hamsterrad zu einigem Erfolg bringen werden oder schon gebracht haben. Sie übertrumpfen unter Garantie all jene Kollegen, die genauso wenig ihre Prioritäten einhalten, zugleich allerdings weniger Runden absolvieren. Im Hamsterrad werden Sie allerdings sehr wenig von Ihrem Erfolg haben. Beruflicher Erfolg ist nicht Selbstzweck. Er soll *Sie* erfüllen – nicht die Leere, vor der so mancher Workaholic davonläuft. Er soll Ihnen Glück spenden und zu Ihrem Lebenselixier werden. Aus diesem Grund handeln wir auch im ureigensten Interesse jedes Arbeitgebers, wenn wir Ihnen nun die Erfolgs-Balance als Grundüberlegung für Ihre persönliche berufliche wie auch private Lebensplanung ans Herz legen.

Erfolgs-Balance

> Die Gesundheit ist nicht alles, aber ohne Gesundheit ist alles nichts.
>
> (Friedrich Nietzsche)

Auch private Ziele festmachen Ziele schaffen Prioritäten. Im Berufsleben werden Ihnen üblicherweise klare Ziele vorgegeben. Es gibt Stellenbeschreibungen, Jahresziele, institutionalisierte Mitarbeitergespräche und vieles mehr. Im privaten Bereich hängen diese Ziele wie bunte Luftballons in der Luft. Sie möchten wahrscheinlich eine gute Mutter oder ein guter Vater sein. Was aber müssen Sie *heute* tun, damit Ihre Kinder eines Tages genau das von Ihnen sagen werden? Die umfangreiche wissenschaftliche Forschung hat gezeigt, dass langfristige Ziele ohne entsprechende kurzfristige Ziele wie ein Schuss sind, der Ihre schönen Ballons vom Himmel holt. Doch sobald Sie wissen, welche konkreten Handlungsschritte Sie zu ihrer Erreichung setzen wollen, bekommen Ihre schillernden Luftballons eine Verbindungsschnur, an der Sie sie festmachen und festhalten können.

Die Erfolgsbalance – Ihr Leben im Gleichgewicht

Stellen Sie sich Ihr Leben wie ein auf der Spitze stehendes Dreieck vor. In der Grafik breiten sich Wellen von der Ecke des Berufs her über das Dreieck aus. Damit wird die Unausgewogenheit im Definieren beruflicher und privater Ziele symbolisiert. Um das Dreieck ausgeglichen zu halten, sollten Sie kurzfristige Handlungsziele, die im Dienst Ihrer langfristigen Ziele stehen, auch für den Privatbereich definieren. Ansonsten droht auf Dauer das gesamte Dreieck und damit auch Ihre Gesundheit zu kippen. Das ist weder in Ihrem Interesse noch im Interesse Ihrer Familie noch des Unternehmens, für das Sie tätig sind oder das Sie leiten.

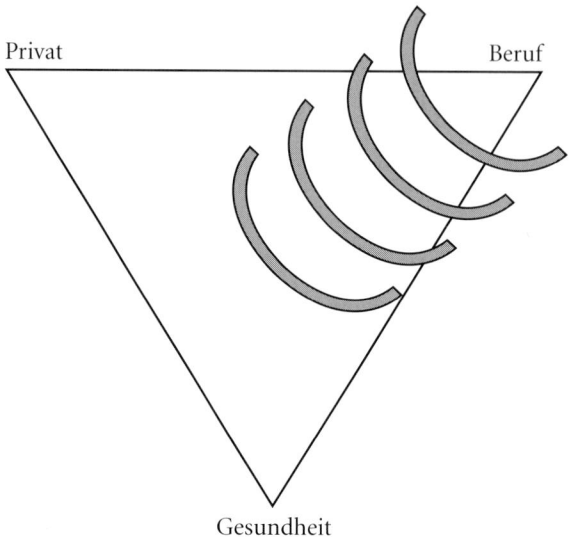

Abbildung 1: Die Erfolgsbalance

Private und gesundheitliche Handlungsziele setzen

Als Trainer und Berater arbeiten wir selbstständig. Niemand kontrolliert, ob wir unsere Vorhaben verwirklichen oder nicht. Nicht alle Aspekte unserer Arbeit sind gleichermaßen erfreulich – und deshalb benötigen wir einen kräftigen Schuss Selbstdisziplin in unserem Erfolgscocktail. Doch sind Sie bezüglich Ihres Privatlebens nicht auch ein Freiberufler mit Ihrem Unternehmen Familie? Ziele werden wohl auch dort an Sie herangetragen: „Spielst du mit mir?", „Wann machen wir uns mal wieder einen schönen Abend – nur wir zwei, ganz für uns allein?" Aber welche Mittel stehen schon Ihrer Familie, Ihren Freunden oder Ihren Eltern zur Verfügung, ihre Wünsche bei Ihnen durchzusetzen, und wie füllen Sie selbst dieses Zielevakuum aus? Solange Sie sich im privaten Bereich keine *eigenen* Handlungsziele setzen, wird sich in Ihrem Leben nichts verändern. Selbstdisziplin ist dann das probate Mittel, um diese Veränderungen herbeizuführen.

Und wie verhält es sich erst im gesundheitlichen Bereich! Welche konkreten Ziele haben Sie hier? Und wer achtet darauf, ob Sie tatsächlich etwas tun? Im Großen und Ganzen wahrscheinlich niemand. Verfolgen Sie einmal den Umgang vieler Menschen mit Ihrem kostbarsten Gut, so werden Sie Zeuge echter Trauerspiele. Erst durch konkrete Handlungsziele rücken Sie die Prioritäten in Ihrem Leben wieder autonom zurecht, bevor sie das Leben von selbst zurechtrückt.

Wer selbst keine Ziele hat, arbeitet automatisch für die Ziele anderer.

Übung 1: Die Erfolgs-Balance

Setzen Sie in den drei Bereichen der Erfolgs-Balance je ein bis drei Ziele, um eine ausgewogene Mischung von Beruf, Privatleben und Gesundheit herzustellen.

Beruf:

1. _____

2. _____

3. _____

Privat:

1. _____

2. _____

3. _____

Gesundheit:

1. _____

2. _____

3. _____

Praxistipps: Zeitmanagement und Erfolgs-Balance

Die Woche als ideale Planungseinheit

Modernes Zeitmanagement geht von der Woche als der kleinsten Planungseinheit aus. Und dies aus drei Gründen:

- Die Wochenplanung wird Ihrem Lebensrhythmus am besten gerecht. Betrachten Sie bloß den einzelnen Tag als Planungseinheit, wird es Ihnen schwer fallen, jeden Tag allen Ihren Lebensrollen als Berufstätiger, Elternteil, Partner, Freund, Kind etc. nachzukommen. Die Woche hingegen umfasst auch das Wochenende, das Sie für die Verwirklichung Ihrer privaten Ziele reservieren können.

- Unvorhergesehenes wirft Ihre Tagesplanung leicht über den Haufen und liefert Sie dadurch der Tyrannei des Dringlichen aus. Gehen Sie hingegen von der Wochenperspektive aus, lässt sich die durchschnittliche Anzahl von Störungen und Krisen gut vorhersehen. Schauen Sie also über den Tagestellerrand hinaus und planen Sie die ganze Woche, und Ihnen kann nur noch wenig passieren – an dem einen Tag werden Sie zwar etwas weniger schaffen, am nächsten Tag dafür aber umso mehr.

- Die wissenschaftliche Forschung konnte nachweisen, dass eine zu detaillierte Planung zu Frustrationen führt und dem Menschen sein natürliches Bedürfnis nach spontanen Entscheidungen nimmt. Auch hemmt sie die zur Bewältigung des Tagesgeschäfts nötige Flexibilität.

Ziele-TREPPE

Was unterscheidet ein aussichtsreiches Vorhaben von einem aussichtslosen? Die Ziele-TREPPE beinhaltet alle wesentlichen Kriterien, die ein wohlgeformtes Ziel – also ein Ziel, das Ihnen die besten Erfolgschancen bietet – erfüllen sollte.

Wohlgeformte Ziele

Einsatzbezogen

Positiv

Präzise

Erreichbar

Reizvoll

Terminiert

Abbildung 2: Die Ziele-TREPPE

Terminiert

Ohne Termine haben Sie keine Möglichkeit, Ihre Ziele zu kontrollieren. In diesem Zusammenhang wollen wir an das „Grillabend-Syndrom" erinnern. Sicher haben auch Sie schon mehrfach die Situation erlebt, einen alten Bekannten auf der Straße wieder zu treffen. Man kommt ins Plaudern, versteht sich auf Anhieb wie in früheren Tagen. Das Gespräch endet mit einem „Was hältst du davon? Machen wir doch mal einen gemeinsamen Grillabend." Wird dieser Grillabend jemals stattfinden? Wahrscheinlich nicht, denn er hat keinen Termin.

Das Grillabend-Syndrom

Ein Ziel ohne Termine hat keine Zukunft.

Folglich fällt uns erst viel zu spät – wenn überhaupt – auf, dass sich der Grillabend nicht von alleine organisiert hat. Was uns selbstverständlich nicht daran hindert, mit dem nächsten alten Bekannten einen weiteren Grillabend zu erträumen. Und so wird ein Großteil unserer beruflichen wie privaten Pläne niemals umgesetzt und zerplatzen wie Seifenblasen. Denn sie scheitern bereits an der ersten Minihürde: dem Terminkalender.

Das Diktat des Dringlichen Besonders angewiesen auf Terminpflege sind berufliche Qualitätsaufgaben wie Weiterbildung, Innovationen, Kundenservice und -pflege, Aufbau eines Beziehungsnetzwerks, Planung und Strategie sowie vieles mehr. In den beschriebenen Teufelskreislauf des Aktionismus geraten Sie erst, wenn Sie sich dem Diktat des Dringlichen unterwerfen. Dringendes kündigt sich meist mit den Worten „Horch, was kommt von *draußen* rein!" an. Kümmern Sie sich stets nur um Dringliches, so arbeiten Sie vornehmlich an den Prioritäten *anderer und werden gearbeitet*. Diese anderen versuchen mit allen Mitteln, ihre eigenen wichtigen Angelegenheiten für Sie dringend erscheinen zu lassen (beobachten Sie sich nur einmal selbst, wie Sie in der Rolle des Kunden agieren, um Ihre Anliegen dringend zu machen und durchzusetzen). Eine Kernaussage des Zeitmanagements lautet daher:

Dringendes ist selten wichtig, und Wichtiges ist selten dringend.

Termine für die Prioritäten Die wirklich wichtigen Dinge, wie zum Beispiel das regelmäßige Mitarbeitergespräch, haben selten einen Termin und bleiben hinter dem Zeithorizont verborgen. Darum ist einer der Schlüssel zum Erfolg, Termine für die Prio-

ritäten zu vergeben, anstatt nur die von außen herein-
kommenden Termine zu priorisieren.

> **Termine für die Prioritäten und Prioritäten für die Termine.**

Nicht alle Vorhaben befinden sich gleichermaßen unter   **Notizen entlasten**
Ihrer Kontrolle. Angenommen, Sie wollen Ihre Fähigkeit
im Delegieren verbessern. Dann können Sie zwar nicht
vorausahnen, wann ein betroffener Kollege das nächste
Mal zur Tür hereinschneien wird. Sehr wohl aber können
Sie sich *Kontrolltermine* in Ihrem Kalender notieren, wo-
durch Sie regelmäßig – sagen wir einmal pro Monat –
Feedback erhalten, welche Fortschritte Sie im Delegieren
gemacht haben. Diese Form von Erfolgskontrolle schafft
Bewusstsein über Ihre persönliche Weiterentwicklung.

Reizvoll

Je deutlicher Ihnen der Nutzen, der mit dem Erreichen
des Ziels verbunden ist, vor Augen schwebt, desto reizvol-
ler ist ein Ziel. Sie verkaufen Ihr Ziel sozusagen an sich
selbst! Beantworten Sie sich daher die folgenden Fragen:

- Wodurch profitiere *ich* von der Umsetzung meines Vorhabens?
- Wodurch profitieren meine *Mitmenschen?*
- Inwieweit entspreche ich mit dem Erreichen dieses Ziels
  meinen eigenen ethischen und moralischen Wertan-
  sprüchen?
- Inwiefern wird sich mein Ziel auch auf andere Bereiche
  meines Lebens sowie auf andere Menschen positiv aus-
  wirken?

Eustress schafft Die Erfüllung Ihres Ziels sollte für Sie nach Möglichkeit mit
positive Bedingungen Eustress, das heißt mit positiven Gefühlen, verbunden sein.
Wir betonen *nach Möglichkeit.* Denn unter Menschen mit
wenig Selbstdisziplin ist der Irrtum weit verbreitet, Ziele
müssten generell so motivierend sein, dass es absolut *keiner*
weiteren Anstrengung mehr bedarf, mit der Arbeit zu beginnen. Das Ziel *muss* so attraktiv sein, dass ich zu meinem
eigenen Heinzelmännchen werde und die Aufgabe wie im
Schlaf erledige. Vielleicht sind Sie skeptisch und denken
sich: „Etwas Derartiges habe ich mir noch nie gedacht!"
Doch begegnen Ihnen Glaubenssätze nicht zwangsläufig in
Form von bewussten Gedanken. Glaubenssätze zeichnen
sich häufig gerade dadurch aus, dass sie unterbewusst sind.
Die Glaubenssätze bilden das Fundament Ihrer Logik, mit
der Sie sich selbst gegenüber argumentieren. Sie sind so
selbstverständlich, dass wir alle sie niemals in Frage stellen.
Dürrenmatt prägte den Satz: „Erwachsen werden heißt,
sich selbst auf die Schliche zu kommen." Verhalten Sie sich
manchmal so, als ob Sie auf ein magisches Motivations-
wunder warten? Warten Sie auf einen plötzlichen Energie-
schub, der Sie mit einem Mal ans Ziel Ihrer Träume kata-
pultiert? Wenn Sie häufig warten, ist es wahrscheinlich, dass
hinter diesem Warten die unrealistische Er-Wartung steckt,
das Ziel müsse Sie wie von selbst zum konkreten Handeln
bringen. Es wird immer wieder Ziele geben, die oft auch
Arbeiten erfordern, die weniger angenehm sind als andere
Tätigkeiten. Ein reizvolles Ziel ist zwar motivierend, was
aber noch nicht heißen muss, dass Sie überhaupt keinen
Einsatz mehr zu bringen haben und nur noch untätig Ihr
tolles Ziel bestaunen.

Wünsche und **Einsatzbezogen**
Erwartungen Träume sind der Freifahrtsschein für Ihre psychische Ge-
sind noch längst sundheit. Doch Personen mit geringer Selbstdisziplin be-
keine Ziele schäftigen sich üblicherweise viel zu viel mit dem Träu-

men. Sie malen sich in den lebhaftesten Farben aus, wie es sein wird, wenn sie ihr Ziel erreicht haben. Dabei vergessen sie allzu gerne, welche konkreten Schritte sie zu unternehmen haben, um an ihr Ziel zu gelangen. Gerade weil solche Menschen wenig über ihren Handlungsplan nachdenken, ist es ihnen praktisch unmöglich, ein realistisches Ziel aufzustellen. Ihr Ziel gleicht vielmehr einem Wunsch an den Weihnachtsmann. Wagen Sie also die Probe, indem Sie sich ehrlich fragen: „Was bin ich bereit, für mein Ziel zu *tun?*" Lautet die zögerliche Antwort: „Eigentlich … nichts", handelt es sich bei Ihrem Ziel wahrscheinlich nur um einen Wunsch oder eine Erwartung. Wobei unserer Ansicht nach eine Erwartung Ihnen mehr Schaden zufügt als ein Wunsch. Ein *Wunsch* ist in sich stimmig: „Es wäre zwar schön, wenn sich die Organisation unseres Teams gründlich ändern würde, aber mir ist einsichtig, dass alles beim Alten bleibt, solange ich nichts *tue.*" Eine Erwartung hingegen ist inkonsequent und passiv: „Ich erwarte, dass sich in der Organisation unseres Teams etwas verändert, aber es sollte niemand von mir verlangen, dafür auch noch etwas zu tun."

Ihr Ziel ist einsatzbezogen, wenn Sie bereit sind, konkrete Handlungsschritte zum Erreichen Ihres Ziels zu unternehmen.

Einsatz bringt Ergebnisse

Ausschlaggebend für Ihre Selbstdisziplin (und nicht zuletzt auch für den Ausschlag auf Ihrem „Stressometer") ist, dass Sie es nicht bei einem ergebnisorientierten Ziel belassen. Ein echtes Ziel ist immer auch einsatzbezogen (alles andere nennt sich „Geschenk des Himmels"). Der gebotene Einsatz gilt vor allem für Ziele, die sich nicht ausschließlich unter Ihrer unmittelbaren und persönlichen Kontrolle befinden. Ziele also, die eine Kooperation mit anderen erfordern oder von veränderlichen Rahmenbedingungen abhängig sind. Angenommen, Ihre Vorgabe lautet, den Jahresumsatz um fünfzehn Prozent zu steigern, so ist dieses Ziel nicht unter Ihrer alleinigen Kontrolle. Immerhin können Sie den Kunden nicht hypnotisieren, damit er seine Unterschrift auf den Kaufvertrag setzt (obwohl Ihre Kollegen vom Marketing daran arbeiten). Sobald Sie das ergebnisorientierte Ziel jedoch in einsatzbezogene Teilziele auffächern, werden Sie feststellen, wie viele Beratungsgespräche Sie voraussichtlich zu führen haben, welche Frequenz Sie beim Telefonverkauf an den Tag legen müssen, wie viele Kundentermine Sie zu vereinbaren haben und so weiter. Sie werden dann rechtzeitig mit der Akquisition beginnen, statt erst mal den Sommer in der Badehose zu genießen und damit bis zum dritten Quartal zu warten.

Einsatzbezogenes Denken erleichtert die Planung Einsatzbezogenes Denken erleichtert Ihnen also Ihre Planung. Und sollten Sie am Jahresende wider Erwarten Ihre Vorgaben selbst mit dieser Strategie nicht erfüllt haben, brauchen Sie sich nichts vorzuwerfen. Im Gespräch mit Ihrem Manager können Sie exakt beschreiben, was Sie wann geleistet haben – und was Sie für das nächste Jahr bereits daraus gelernt haben.

> Ergebnisorientierung und Einsatzbezogenheit sind die zwei Seiten der Erfolgsmedaille.

Bei vielen Tätigkeiten verschafft Ihnen erst die Aussicht auf Erfolg den nötigen „Kick", um zu beginnen. Der Gedanke an das Ziel versorgt Sie mit der nötigen Motivation. Auf der anderen Seite bedarf es Ihres persönlichen Einsatzes, um diese enormen Pferdestärken auch auf die Straße zu bringen. Wie viele Raucher sind Zeit Ihres Lebens motiviert, das Rauchen aufzugeben (Ergebnisorientierung), ohne sich jemals darüber klar zu werden, welchen Einsatz sie dafür zu bringen haben? Sicher ist: Ohne Ergebnisorientierung gibt es in vielen (nicht in allen) Fällen gar keine Einsatzbezogenheit – so wie sich durch das Ziel erst der Weg eröffnet.

Präzise

Abgesehen von Ihrem persönlichen Engagement: Welche Ressourcen benötigen Sie? Wer könnte Sie unterstützen? Welche Teile des Projekts lassen sich delegieren? Welche Hürden sind zu nehmen? Haben Sie einen ausreichenden Zeitpuffer einkalkuliert? Und woran genau werden Sie (und Ihr Chef, Ihre Partnerin, Ihre Kunden) erkennen, dass Sie Ihr Ziel erreicht haben?

Gut geplant, ist halb gewonnen

Insbesondere, wenn es sich um ein langfristiges oder wichtiges Ziel handelt, sollten Sie Ihre Gedanken ausführlich schriftlich niederlegen. Sie mögen das auf den ersten Blick für überflüssig halten. Doch ohne schriftliche Planung haben Sie kaum eine Möglichkeit, Ihre Vorhaben zu kontrollieren. Sie erhalten kein Feedback und wissen weder, wo Ihre Stärken liegen, noch in welchen Bereichen Verbesserungen anstehen.

Wunderheilmittel Papier

Bedenken Sie: Ein gut geplantes Ziel ist bereits die halbe Miete. Andererseits ist eine minutiöse Planung nicht in allen Fällen gleichermaßen zweckmäßig. Friedrich Dürrenmatt sagt dazu: „Je planvoller Menschen vorgehen, umso wirksamer trifft sie der Zufall." Stellen Sie sich daher die zwei folgenden Fragen: „Kann ich auf Erfahrungswerte zurückgreifen?" Habe ich in der Vergangenheit bereits ein ähnliches Vorhaben realisiert?" Müssen Sie verneinen, sollten Sie nicht zu detailverliebt planen. In solchen Fällen zeichnen sich erfolgreiche Menschen dadurch aus, dass sie

Minutiöse Planung ist selten zweckmäßig

im ersten Schritt eine Risikoabschätzung Ihres Vorhabens vornehmen, um anschließend so rasch wie möglich in die Durchführung zu gehen. Nur so sammeln sie die nötigen Erfahrungen, um auf Dauer eine fundierte Planung vornehmen zu können.

> **Genug geplant ist halb gewonnen,**
> **zu viel geplant ist nie begonnen.**

Übung 2: Der Zieleinlauf

Woran werden Sie und Ihr Umfeld erkennen, dass Sie Ihr Ziel verwirklicht haben? Wo werden Sie sein, was werden Sie tun? Was wird sich in Ihrem Leben verändert haben? Bringen Sie dieses Bild mit einigen Strichen innerhalb einer Minute zu Papier. Auch wenn die Zeichnung nicht an die Wirklichkeit heranreicht, präzisiert sich doch für Ihr Gehirn die Zielvorstellung. Sie können sich jetzt im wahrsten Sinn des Wortes ein Bild machen, und auch hier sagt ein Ziel-Bild mehr als tausend Worte!

Machen Sie sich ein Bild, und Sie sind im Bilde Wie Sie gemerkt haben, wirkt das Zeichnen äußerst motivierend. Andererseits dient Ihnen das Zeichnen als Kontrolle. Taucht kein lebendiges Bild auf, sollten Sie überprüfen, ob das Ziel überhaupt das Ihre ist oder ob es nur von außen an Sie heran getragen wurde. Falls Ihnen das Ziel trotzdem am Herzen liegt: Was können Sie tun, um es zu Ihrem eigenen Ziel zu machen? Inwiefern profitieren Sie von seiner Verwirklichung?

Positiv

Wenn Sie sich jemals mit Autogenem Training befasst haben, wissen Sie, dass es möglich ist, sein eigenes Unterbewusstsein im Zustand völliger Entspannung systematisch zu beeinflussen. Unser Unterbewusstsein ist dann besonders aufnahmebereit für neue Botschaften. Im Autogenen Training ist die Rede von der „formelhaften Vorsatzbildung". Bei ihr ist darauf zu achten, dass Ihr Vorsatz Wörter wie „kein", „nicht" oder „nie" nicht enthält. Warum? Wenn auch Sie schon einmal eine Präsentation oder eine Rede vor einer größeren Menschenmenge zu halten hatten, wissen Sie vielleicht aus eigener leidvoller Erfahrung, dass die Selbstinstruktion „Ich bin nicht nervös, ich bin nicht nervös ..." häufig das genaue Gegenteil bewirkt. Denn das Bild, das durch das Wort „nervös" in Ihrem Nervensystem ausgelöst wird, wirkt bei vielen Menschen wesentlich stärker als das Zusatzwörtchen „nicht".

Beispiel: „Ich will die Neuorganisation meines Büros nicht länger aufschieben." Sie können sich schwerlich vorstellen, wie Sie in Ihrem Büro sitzen und die Neuorganisation *nicht* aufschieben. Um ins Handeln zu kommen, müssen Sie sich vielmehr vorstellen, wie Sie ein neues Ablagesystem entwickeln oder eine Sondermüllaktion starten. Erst die positive Zielformulierung sorgt dafür, dass Sie eine bildhafte Vorstellung bekommen. Generell können Sie sich kaum bildhaft vorstellen, etwas *nicht* zu tun. Sie können nicht nicht-handeln. Wenn Sie es genau nehmen, können Sie sich nur vorstellen, was Sie an Stelle des betroffenen Verhaltens tun (im Falle von Nervosität etwa, welches Gefühl das bisherige ersetzt, zum Beispiel Ruhe und Gelassenheit).

Die positive Formulierung bringt also den Zusatznutzen mit sich, dass Sie für Ihr altes Verhalten brauchbare Alternativen schaffen. Es ist schwierig, sich etwas abzugewöhnen. Ungleich leichter hingegen ist es, ein altes Verhalten durch ein neues zu ersetzen.

Günther: „Ich wollte schon lange meinen Alkoholkonsum in Gesellschaft reduzieren. Aber die Abende mit Freunden wurden für mich zur Tortur. Die ganze Zeit über war ich damit beschäftigt, auf mein leeres Glas zu starren. Die positive Zielformulierung hat mir da sehr geholfen. Ich hatte plötzlich Alternativen zur Verfügung, denn mein Ziel lautete nun: ‚Ich möchte in Gesellschaft weniger trinken, indem ich aufmerksamer zuhöre, eigene Geschichten zur allgemeinen Erheiterung beitrage und mein Mineralwasser durch langsames Trinken genieße. Vor allem aber will ich mit dem Verzicht leben.‘ Seitdem genieße ich gesellige Abende ganz ohne Alkohol. Heute bin ich sehr stolz, dass ich mein ursprüngliches Ziel sogar übertroffen habe.“

Vielleicht ist Ihnen aufgefallen, dass die negative Formulierung auch in Günthers überarbeiteter Zielformulierung noch immer enthalten ist. Es ist also keine Frage von Entweder-oder. Wichtig ist allein, dass die negative Zielformulierung nicht isoliert steht. Häufig ist es nicht zu vermeiden, beide Formulierungen, positiv wie negativ, zu integrieren. Der leicht einzusehende Vorteil besteht darin, dass die negative Formulierung zwar ein negatives Bild auslöst (z. B. Nervosität), dieses Bild jedoch wiederum als Warnschild und Auslöser für das erwünschte Verhalten wirkt. Sobald Sie beispielsweise nervös werden (negative Zielformulierung), taucht das Stoppschild „So nicht!“ auf. Während Sie ohne positive Zielformulierung nun gewissermaßen mittellos dastünden („Was soll ich tun, um nicht nervös zu sein?“), haben Sie mit der positiven Zielformulierung Alternativen bei der Hand. Diese Alternativen sind mit dem imaginären Stoppschild verknüpft. Mit anderen Worten: In vielen Fällen sorgt erst die Kombination aus negativer und positiver Formulierung für einen erfolgreichen Umgang mit Pannen.

> **Negative und positive Zielformulierung fungieren gemeinsam als Ist-Soll-Analyse, als Wenn-dann-Reaktion.**

Erreichbar

Sind erst einmal die ersten fünf Kriterien erfüllt und haben Sie Ihr Ziel auf diese Weise sorgfältig geplant, lassen sich die Erfolgsaussichten mit einiger Genauigkeit abschätzen. Letztlich geht es darum, zwischen den Kriterien „reizvoll" und „erreichbar" einen Kompromiss zu schließen. Auf der einen Seite soll Ihr Ziel herausfordernd genug sein, um Sie motivieren zu können, auf der anderen Seite soll die Erfolgswahrscheinlichkeit hoch genug sein, damit Ihr Selbstvertrauen nicht durch vorprogrammierte Misserfolge langfristig untergraben wird.

Übung 3: Die Ziele-TREPPE

Wählen Sie eines Ihrer eigenen Ziele aus und konkretisieren Sie es mit Hilfe der Ziele-TREPPE. Die Reihenfolge, in der Sie die sechs Kriterien der TREPPE anwenden, ist weniger von Belang. Beginnen Sie mit der Vergabe eines Termins, so erleichtert Ihnen das die weitere Planung. Die Entscheidung, ob Ihr Ziel erreichbar ist, lässt sich am sichersten ganz am Ende des Ziele-Checks treffen.

Terminiert: _____

Reizvoll: _____

Einsatzbezogen: _____

Präzise: _____

Positiv: _____

Erreichbar: _____

2. Abwägen (TATEN)

Wichtig ist natürlich, dass es nicht beim Träumen bleibt. Denn das Träumen sind Sie wahrscheinlich gewohnt. Der zweite Schritt im TATEN-Programm® besteht daher im Abwägen der soeben von Ihnen formulierten Ziele. Wozu das notwendig ist? Zum Schutz Ihres Selbstvertrauens-Kontos! Praktisch alle existierenden Psychotherapien haben eines gemeinsam: Sie zielen darauf ab, das Selbstvertrauen, den „Glauben an sich selbst", zu stärken. Dieses Selbstvertrauen ist neben einem intakten Selbstwertgefühl eines der wesentlichen und schützenswerten Merkmale Ihrer psychischen Gesundheit.

> Die beste Möglichkeit, seine Träume zu verwirklichen, ist, aufzuwachen!
>
> (China)

Motivation braucht Selbstvertrauen Inwiefern besteht nun ein Zusammenhang zwischen Selbstvertrauen und Selbstdisziplin? Versetzen Sie sich bitte kurz in die Lage eines Langzeitarbeitslosen. Eine Kette von Misserfolgen hat dazu geführt, dass Ihr Selbstvertrauen stark angeschlagen ist. Das wiederum führt zu Hoffnungslosigkeit und dem Gefühl der Hilflosigkeit. Welchen Antrieb verspüren Sie in diesem Zustand, die Dinge konsequent selbst in die Hand zu nehmen? „Es hat doch alles keinen Sinn!" – so könnten Ihre Worte lauten. Und genau so reden viele Langzeitarbeitslose (wie auch Depressive und Betroffene des Burnout-Syndroms). In solch einem Zu-

stand erreicht die Eigenmotivation den absoluten Null-
punkt. Denn Motivation speist sich ja aus der Hoffnung auf
Erfolg und der Furcht vor Misserfolg. Aber auch diese Mo-
tivationsquelle ist hinfällig, da die schlimmsten Befürch-
tungen eines Langzeitarbeitslosen bereits eingetreten sind!

Wie Sie ja schon wissen, ist Selbstdisziplin nichts anderes **Motivation braucht**
als ein *Werkzeug*. Ein gut funktionierendes Werkzeug, das **Selbstdisziplin**
Ihnen bei der Verwirklichung Ihrer Vorhaben behilflich ist
und Ihnen den Weg frei macht. Ohne Ziele und greifbare
Vorhaben wird dieses Gerät jedoch rasch stumpf und büßt
seine Sinnhaftigkeit ein.

Selbstvertrauens-Konto

Unser Selbstvertrauen kann je nach Lebensbereich unter- **Selbstvertrauen ist**
schiedlich stark ausgeprägt sein. Es ist durchaus üblich, **situationsabhängig**
dass Menschen beispielsweise in Bezug auf ihre berufli-
chen Fähigkeiten ein hohes Maß an Selbstvertrauen besitzen, während sie im privaten Bereich glauben, „nichts auf
die Reihe zu bekommen". Zum besseren Veranschauli-
chen stellen Sie sich bitte vor, dass es ein inneres „Selbstvertrauens-Konto" gibt.

> „Ohne Selbstvertrauen erreicht man gar nichts, mit
> Selbstvertrauen alles (wohlgemerkt im Bereich des Ver-
> nünftigen)."
>
> (Emil Coué)

Erfolge, die Sie auf Ihren *eigenen* Einsatz und Ihre *persön-* **Kontobewegungen**
liche Leistung zurückführen können, haben Einzahlungen **durch Erfolge und**
auf dem Konto zur Folge. Ein Lottogewinn erhöht indes- **Misserfolge**

39

sen Ihr Selbstvertrauen nicht, da er rein gar nichts mit Ihren individuellen Kompetenzen oder Ihren Leistungen und Anstrengungen zu tun hat – sofern Sie nicht zufällig Hellseher von Beruf sind.

Umgekehrt ziehen Misserfolge Abbuchungen nach sich. Selbstverständlich führen große Erfolge zu großen Einzahlungen und große Misserfolge zu großen Abbuchungen. Wobei für Ihr Selbst-Vertrauen das Gleiche gilt wie für Vertrauen zwischen Menschen: Es wird langsam gewonnen, aber schnell wieder zerstört. Vielen von uns sind diese Prinzipien (intuitiv) vertraut. Die Reaktionen und der Umgang mit dem persönlichen Selbstvertrauens-Konto hingegen sind höchst unterschiedlich.

Untätigkeit

Untätigkeit führt zu Abbuchungen

Einige Menschen versuchen, Ihr gebeuteltes Konto vor weiteren Abbuchungen zu schützen, indem sie ihre Vorhaben gar nicht erst in Angriff nehmen. Dabei entgeht ihnen, dass auch diese Untätigkeit ganz allmählich mit spitzen Zähnen am Selbstvertrauens-Konto nagt. Allein schon durch den Faktor verstrichener Zeit nimmt das Selbstvertrauen ab. Wie geht es Ihnen, wenn Sie längere Zeit kein Kundengespräch geführt haben oder seit zehn Jahren mit niemandem mehr geflirtet haben? Ihre Fähigkeiten nehmen aufgrund der mangelnden Übung ab. Das ist nur natürlich, denn Ihr Selbstvertrauen sollte immerhin ein Abbild Ihrer aktuellen Fähigkeiten sein.

Allerdings beruht nicht jedermanns Selbstvertrauen auf Tatsachen. Viele Menschen nehmen ein Vorhaben nicht in Angriff, um sich vor der schmerzlichen Erkenntnis zu bewahren, dass ihr Selbstvertrauen womöglich nur eingebildet ist. Beispiel Initiativbewerbung: Ein Anruf in der Personalabteilung des Wunschunternehmens könnte ja eine Absage mit sich bringen. Da ist es wesentlich bequemer, nur die Unterlagen zu verschicken. *Auf dem Weg zu Ihrem persönlichen Erfolg kann das Bestreben, sich selbst nicht erkennen zu müssen, ein zu eng sitzender und drückender Hemmschuh sein.*

Andere Menschen bereiten sich auf Prüfungen, Präsentationen, Kundengespräche und dergleichen schlecht vor. Damit legen Sie sich selbst ein Handicap auf, um mögliche Misserfolge nicht auf die eigenen Fähigkeiten, sondern auf die schlechte Vorbereitung zurückführen zu müssen. Self-handicapping wurde sowohl bei Personen mit geringem Selbstvertrauen gefunden (diese bereiteten sich grundsätzlich kaum vor, um bei einem Scheitern nicht als „unfähig" gelten zu müssen) als auch bei Menschen mit hohem Selbstvertrauen (die sich schlecht vorbereiteten, wenn sie dabei *beobachtet* wurden – während die Vorbereitung „im stillen Kämmerlein" wesentlich umfangreicher ausfiel). Das Grundmuster bleibt in jedem Fall dasselbe: Selbsterkenntnis könnte ja im Spiegelkabinett der Eitelkeiten wehtun. Darum boykottieren wir uns lieber selbst.

Self-handicapping in kritischen Situationen

Unterforderung

Ein ähnlicher Mechanismus ist bei bewusster Selbstunterforderung im Gange. Sehr viele Menschen backen lieber „kleine Brötchen". Das Ziel wird vorsätzlich sehr niedrig gesteckt, um ein späteres Scheitern auszuschließen. Leider setzen zu niedrig gesetzte Ziele auch nur minimale Motivation frei. Der Betroffene bleibt hinter seinen eigenen Möglichkeiten zurück und erreicht auf seinem Selbstvertrauens-Konto nur minimale Einzahlungen.

Auch Unterforderung führt zu Abbuchungen

Häufig kommt es durch kleine Brötchen sogar zu Verlusten auf dem Konto. Haben Sie sich jemals unterfordert gefühlt? Und haben nicht auch Sie den Umkehrschluss gezogen und sich gefragt: „Was sagen die Aufgaben, mit denen ich hier betraut bin, eigentlich über meine Fähigkeiten aus?" Aus dem, was Sie tagtäglich tun, schließen Sie auf Ihre Fähigkeiten zurück. Kurzfristig scheint also übertriebenes Sicherheitsdenken in Bezug auf das eigene Selbstvertrauen seinen Zweck zu erfüllen – langfristig bewirkt es genau das Gegenteil, und die Sicherungen brennen durch.

Überforderung

Zu hohe Ziele sollen Rückschläge kompensieren

Nachweislich neigen Menschen mit niedrigem Selbstvertrauen dazu, sich entweder zu hohe oder zu niedrige Ziele zu stecken. Allerdings sind auch Menschen mit intaktem Selbstvertrauen nicht vor enttäuschenden Fehltritten gefeit. Neuere Studien enthüllen Fallgruben im Umgang mit den eigenen Zielen: Viele Personen, die angeben, ein hohes Selbstvertrauen zu besitzen, versuchen nach einem Misserfolg, den erlittenen Verlust auf dem Selbstvertrauens-Konto durch unerreichbar hohe Ziele zu *kompensieren, vergleichbar einem Hochspringer, der plötzlich über die Dreimeter-Latte will.* Angesichts einer Bedrohung des Selbstvertrauens neigen viele Menschen dazu, ihr für gewöhnlich seriöses Ziele-Management aufzugeben.

Welche weiteren Beweggründe gibt es, sich übersteigerte Ziele zu setzen, Ziele, von denen wir von vornherein annehmen müssen, dass wir sie niemals erreichen werden? Wozu diese Überforderung?

Das Silvestersyndrom

Haben Sie jemals an sich selbst beobachtet, was eigentlich passiert, nachdem Sie sich ein unrealistisch hohes Ziel gesteckt haben? Sagen wir, Sie haben bereits sieben Jahre in Folge vergeblich versucht, das Kaffeetrinken aufzugeben. Trotzdem beschließen Sie eines Tages „nie wieder eine Tasse Kaffee anzurühren". Und das bloß, weil heute zufällig Silvester ist und Ihre Sitznachbarin gerade stolz verkündet hat, dass Sie im neuen Jahr die x-te Diät inklusive Yo-Yo-Effekt beginnen wird.

Menschen tun das, wovon sie (mangels Alternativen) glauben, dass es das Beste für Sie ist – auch Sie würden sich zu unrealistischen Zielformulierungen nicht hinreißen lassen, wenn Sie nicht *gelernt* hätten, dass luftige Traumtänzereien *belohnt* werden. Wodurch belohnt? Durch Ihr Gewissen, das Ihnen zuflüstert: „Ich bin ja so stolz auf dich. So oft hast du mich enttäuscht. Aber ich will dir verzeihen, wenn du ab heute tatsächlich keinen Kaffee mehr trinkst." Genau hier liegt also der Hase in der Pfeffersauce. Nach jeder unrealistischen Zielsetzung werden Sie durch Ihr „Über-Ich" gelobt und wertgeschätzt. Verhalten aber, das belohnt wird, tritt in der Zukunft noch wahrscheinlicher auf, und schon haben Sie neue und schwere Pflastersteine für den Weg in die Hölle der Gewissensbisse gelegt. Denn das Gewissensimperium schlägt zurück, sobald Sie wieder einmal wortbrüchig geworden sind.

Vielfach gerät das Zielesetzen zum Selbstzweck

Es geht nicht mehr darum, etwas zu erreichen, sondern lediglich darum, das eigene Gewissen kurzfristig mit Beruhigungspillen zu besänftigen. Natürlich erwächst daraus jedes Mal eine Verpflichtung, der Sie nicht nachkommen können, weil die Kräfte nicht reichen. Der unausweichliche Misserfolg zieht eine weitere unerfreuliche Abbuchung vom Selbstvertrauens-Konto nach sich, die wiederum durch ein noch *höher* gestecktes Ziel ausgeglichen werden soll ... Solche aussichtslosen Aufschaukelungs-Strategien laufen nach dem Prinzip „Mehr desselben" ab und garantieren dauerhafte Unzufriedenheit.

Prinzip „Mehr desselben"

Perfektionismus ade Bei diesem Herangehen sind Problemlösung (hohes Ziel) und Problemursache (hohes Ziel) eineiige Zwillinge. Wollen Sie diesen Teufelskreis durchbrechen? Dann widerstehen Sie der Versuchung, Ihrem Gewissen nach dem Mund zu reden. Hören Sie auf, dem Perfektionsideal nachzueifern, das Ihnen vermutlich schon mit der Muttermilch eingeflößt worden ist. Es hat mit Ihrer wahren Person wenig zu tun.

Übung 4:
Für den Perfektionisten ist die bloße Vorstellung, durchschnittlich zu sein, ein Gräuel. Aber wie viel Liebe und Anerkennung haben sich Ihrer Meinung nach jene Menschen „verdient", die unterdurchschnittlich begabt sind?

Perfektionismus führt zu Misserfolgsangst: Die perfekte Arbeitsleistung gibt es nicht. Daher beträgt die Wahrscheinlichkeit eines Misserfolgs für den Perfektionisten praktisch hundert Prozent. Doch versucht der Perfektionist häufig, die *Illusion* von der perfekten Arbeit aufrecht zu erhalten. Der Selbstbetrug dabei ist, dass der Perfektionist selten an seine Grenzen geht. Er behält immer eine gewisse Reserve in der Hinterhand, zum Beispiel indem er ein Projekt zu spät beginnt. Angesichts eines Resultats, das viel zu wünschen übrig lässt, kann er sich selbst in Schutz nehmen: „Wenn ich genügend Zeit gehabt hätte, dann …" Als Perfektionist mit Realitätssinn sollten Sie lernen, dass Ihr schaffbares Arbeitsvolumen das ist, was Sie innerhalb des zeitlichen Rahmens bewerkstelligen können.

Das Hochsprung-Syndrom Perfektionismus führt auch zu Erfolgsangst: Jene Perfektionisten, die sich nichts vormachen wollen, haben es besonders schwer, sich zum Arbeiten zu motivieren. Insbe-

44

sondere bei Aufgaben, die ihnen eigentlich besonders wichtig wären, blockieren alle Räder. Kein Wunder. Perfektionisten legen sich die Latte selbst so hoch, dass sie sich bestenfalls den Kopf daran stoßen können! Das Hochsprung-Syndrom erklärt insbesondere die Erfolgsangst. Denn hinter ihr verbirgt sich häufig nichts anderes als eine *verzögerte* Misserfolgsangst: Je höher wir springen, desto dünner wird die Luft. Mit jedem Erfolg werden die in uns gesetzten Erwartungen und unser Verantwortungsbereich größer. Darum boykottieren sich viele Perfektionisten unbewusst selbst. Beispielsweise sitzen immer wieder Teilnehmer in unserem Zeit- oder Wissensmanagement-Seminar, die ihre Arbeitsorganisation nicht ernsthaft verbessern wollen. Sie fürchten, dann nur noch mit mehr Arbeit überschüttet zu werden, wenn ihr Arbeitsplatz zu aufgeräumt erscheint.

Fazit: Durch Perfektionismus setzen Sie Ihre Frustrationstoleranz auf den Wert null. Das lässt Sie sowohl vor Erfolgen als auch vor Misserfolgen zurückschrecken. Perfektionismus ablegen, bedeutet nicht, dass Sie ab heute alle Ihre Probleme auf sich beruhen lassen und sich gedanklich in die Hängematte verabschieden. Zufriedenheit ist nicht gleich Selbstzufriedenheit. Unser Lebensmotto, das schon vielen Perfektionisten geholfen hat, lautet dementsprechend:

Frustrations-Toleranz gleich null

> Sei zufrieden, ohne dich zufrieden zu geben!

Übung 5: Selbstwert und Leistung

1. Stellen Sie sich vor, dass vor Ihnen auf dem Boden ein Brett liegt. Es ist fünfzig Zentimeter breit und zehn Meter lang. Trauen Sie sich zu, ohne fremde Hilfe über dieses Brett zu gehen?
2. Und nun stellen Sie sich vor, dasselbe Brett liegt über einer Schlucht. Trauen Sie sich zu, von einer Seite der Schlucht zur anderen Seite zu gelangen, indem Sie über das Brett gehen?

Wie Sie gesehen haben, verfügen Sie objektiv über alle nötigen Fähigkeiten, um über besagtes Brett zu gehen. Bei Punkt 1 ist es ein Spaziergang, bei Punkt 2 ein nervenaufreibender Balanceakt (sofern Sie sich überhaupt trauen). Letzteres blüht Ihnen, wenn Sie Ihren Selbstwert und die Leistung, die Sie erbringen, gleich setzen. Dann geht es nicht länger um ein Vorhaben, es geht um Ihr Leben und damit auch um Ihr Lebenswerk!

Selbstwert und Leistung auseinander halten Die Verwechslung von Selbstwert und Leistung geht häufig auf unsere Kindheitstage zurück. Mangelnde Leistung wurde von den Eltern oft mit Liebesentzug bestraft. Wenngleich die Eltern nur aus „pädagogischen Gründen" so vorgingen und ihr Kind in Wahrheit um nichts weniger liebten: Das Kind glaubte, es würde nur dann geliebt, wenn es sich vorbildlich benahm, tadellose Schulnoten nach Hause brachte oder seinen Eltern anderweitig alle Ehre machte. Darum glauben viele von uns auch heute noch, wir müssten wie dressierte Affen perfekte Leistungen erbringen, um von unseren Mitmenschen geschätzt zu werden.

Übung 6

1. Zählen Sie bitte auf: Welche Menschen lieben Sie am meisten?
2. Welche Rolle spielt für Sie dabei die Leistung, die diese Menschen erbringen?

Sie sind ein einmaliger und einzigartiger Mensch und haben es sich verdient, als solcher – vor allem *von sich selbst* – gewürdigt zu werden. Es ist vielleicht zu viel verlangt, von Heute auf Morgen die eigene Leistung und seinen Selbstwert voneinander zu trennen. Ein Zwischenschritt kann aber in jedem Fall vollzogen werden, indem Sie sich von nun an über Ihre Leistungen in *verschiedenen* Lebensbereichen definieren. Das Stichwort in diesem Zusammenhang lautet Selbst-Komplexität. Sie haben verschiedene Lebensrollen inne. Sie sind nicht bloß Berufstätiger oder Geschäftsmann/-frau, sondern gleichzeitig auch noch Elternteil, Kind Ihrer Eltern, Partner, Freund, Bruder/Schwester, Vereinsmitglied, ehrenamtlicher Funktionär, Hobbysportler und vieles mehr. In all diesen Bereichen erbringen Sie in der einen oder anderen Form Leistungen. Beginnen Sie, sich über Ihre vielfältigen Kompetenzen klar zu werden und sich von dem Entweder-oder-Denken („entweder bin ich grandios oder ein Totalversager") zu verabschieden. Die wissenschaftliche Forschung hat gezeigt, dass Menschen umso stressresistenter sind und Niederlagen besser wegstecken können, je *vielschichtiger* ihr Selbstwertgefühl ist.

Vielschichtige Lebensrollen wahrnehmen

Entwickeln Sie also Ihre Fähigkeit, schwierige Projekte als „sportliche" Herausforderung mit Aussicht auf einen Platz auf dem Siegerpodest zu sehen. Betrachten Sie sich selbst als einen waghalsigen Entdecker, der auf der Suche nach seinen wahren Grenzen ist. Was immer Sie tun – es ist ein

Hohe Ziele fordern heraus

Experiment. Auf diese Weise ist es nicht länger eine schmerzliche Erfahrung, an die eigenen Grenzen zu stoßen, und Sie laufen zu Ihrer vollen Leistungsfähigkeit auf.

Unter Stress arbeite ich am besten Die meisten Menschen, die wir in unseren Seminaren und in der Beratung treffen, sind noch immer der Überzeugung, dass sie unter Stress am besten arbeiten. Mit dem Yerkes-Dodson-Gesetz hat die Wissenschaft längst das Gegenteil bewiesen: Ein mittlerer Stresspegel ermöglicht optimale Leistungen. Sowohl Müdigkeit als auch „Auf-180-Sein" drücken das Leistungsvermögen deutlich nach unten. Woher kommt dann die Behauptung „Ich brauche Stress"? Es gibt dafür zwei mögliche Erklärungen:

1. Einige Menschen sind von Haus aus sehr niedrig aktiviert. Erst durch äußere Anforderungen erreichen sie einen Grad mittlerer Aktivierung, der für maximale Leistungsfähigkeit sorgt.
2. Bei den meisten anderen Menschen bedeutet die Aussage „unter Stress arbeite ich am besten!" nichts anderes als „ohne Stress arbeite ich *gar nicht!*"

Selbstdisziplin als Zeichen persönlicher Reife Mit Selbstdisziplin hat Letzteres natürlich denkbar wenig zu tun. Im Gegenteil: Viele warten, bis der Druck durch die äußeren Umstände so groß geworden ist, dass ihnen schließlich nichts mehr anderes übrig bleibt, als endlich anzufangen. Das ist dann keine „*Selbst*-Disziplin", sondern nur „Disziplin". Selbstdisziplin setzt die eigene Entscheidung, den eigenen freien Willen voraus und ist damit nicht zuletzt eine Frage der persönlichen Reife. Einmal mehr sehen Sie, dass Selbstdisziplin Sie von äußeren Zwängen befreit.

Selbstdisziplin schafft Freiheit.

Es ist an der Zeit, eine prinzipielle Entscheidung zu treffen. Wollen Sie in Zukunft Nerven sparen? Dann brauchen Sie Selbstdisziplin, um auch dann schon aktiv zu werden, wenn Ihnen noch nicht der Hut brennt. Legen Sie den dampfenden Feuerwehrschlauch des ständig Gehetzten zur Seite. Schalten Sie Blaulicht und Signalhorn aus und erkennen Sie, wer das Feuer gelegt hat.

Mangelnde Selbstdisziplin wirkt als innerer Brandstifter!

Zu hohe Ziele dienen mitunter auch der Selbstüberlistung. **Ton** Dem Erfinder des Vorhabens ist von Anfang an klar, dass er das Ziel in dieser Form nicht erreichen wird. Er plant ein Sicherheitspolster, mit ein: „Mein eigentliches Ziel sind fünfzehn Prozent Umsatzsteigerung. Um das auch sicher zu erreichen, nehme ich mir fünfzig Prozent vor."

Der Vorteil dieser Methode besteht darin, dass es nicht zu Abbuchungen auf dem Selbstvertrauens-Konto kommt, weil der Betreffende niemals ernsthaft an das Ziel *geglaubt* hat. Dem Gewissen wurden keine falschen Versprechungen gemacht, es wird lediglich aus Freude an der Herausforderung ein höheres, aber auch illusorisches Ziel angepeilt. Die Methode hat zwei Vorteile:

Angenommen, Sie möchten eine Bergwanderung unternehmen. Zur Wahl stehen Ihnen ein Zweitausender und ein Viertausender. Angesichts Ihrer körperlichen Kondition trauen Sie sich den hohen Berg nicht zu. Entscheiden Sie sich trotzdem für die anstrengendere Tour, werden Sie ganz andere Schritte zur Vorbereitung unternehmen. Außerdem schärft das höhere Ziel Ihre Wahrnehmung für günstige Gelegenheiten. Zum Beispiel könnten Sie im

Fordern und fördern Sie sich

Falle der schwierigeren Tour, einen Bergführer mitnehmen, der Ihnen schon im Vorfeld wertvolle Tipps geben kann. Oder Sie stolpern im nächsten Buchladen über ein spezielles Buch ... Das alles wäre Ihnen nicht passiert, hätten Sie sich für die bequemere Variante entschieden.

Den Blick für Chancen öffnen Überzogene, aber eher *spielerisch* betrachtete Ziele erfüllen also den Zweck, dass Ihr Blick sich für einmalige Chancen öffnet und mehr Motivationsenergie bei Ihnen freigesetzt wird. Der Nachteil der Strategie ist, dass Sie nicht vollkommen von Ihrem Ziel überzeugt sind. Es hat eher den Charakter des „Ich probiere es einmal". Entscheiden Sie im Einzelfall, ob die Bilanz positiv oder negativ ist.

80-Prozent-Formel

Welche Aufgabenschwierigkeit bevorzugen Menschen? Die meisten unserer Seminarteilnehmer und Klienten schätzen den Grad der optimalen Herausforderung auf eine fünfzigprozentige Erfolgsaussicht. Versetzen Sie sich jedoch einmal in eine Situation, in der Ihre Chancen – z.B. auf eine Gehaltserhöhung – „fifty-fifty" stehen. Es entsteht ein Gefühl maximaler Unsicherheit und damit maximaler Stress. Es ist so, als würde Michael Schumacher zugleich bremsen und Gas geben. Mit dieser Taktik wäre er mit Sicherheit nie Weltmeister geworden.

Grad der optimalen Herausforderung Die Feststellung, dass erfolgsmotivierte Menschen Aufgaben mit einer Erfolgswahrscheinlichkeit von durchschnittlich siebzig Prozent bevorzugen, ist wissenschaftlich gut abgesichert. Würzen Sie Ihre eigenen Vorhaben nach dem Erfolgsrezept dieser Menschen: Um jedoch auf der einen Seite beim Aufbau Ihres Selbstvertrauens-Kontos auf Nummer sicher zu gehen und auf der anderen Seite den Anreiz groß genug zu halten, empfehlen wir Ihnen als durchschlagskräftige Faustformel mehr als siebzig

Prozent – nämlich die 80-Prozent-Formel. Ein realistisches und zugleich herausforderndes Vorhaben sollte demnach in acht von zehn Fällen erreichbar sein – und zwar unter der Voraussetzung, dass Ihr persönlicher Einsatz angemessen *groß* ist: Wir begnügen uns nicht mit irgendeiner Ziele-Fata-Morgana, denn ohne entsprechendes konsequentes *Handeln* wird auch aus einem 80-Prozent-Ziel nichts. Gleichzeitig tragen wir mit der 80-Prozent-Formel der Tatsache Rechnung, dass Selbstvertrauen viel schneller verloren als gewonnen ist.

Wie ist das bei Menschen, die Höchstleistungen erbringen wollen? Ob ein Spitzensportler olympisches Gold holt unterliegt nur bedingt seinem persönlichen Einfluss. Immerhin tritt er nicht alleine zum Wettkampf an. Die 80-Prozent-Regel bezieht sich auch in diesem Fall auf den persönlichen Einsatz.

Praxistipp:

Betrachten Sie Ihre Bemühungen, ein Ziel zu erreichen, als Experiment, stecken Sie Fehlschläge unbeeindruckt weg. Immerhin wissen Sie, es ist nur ein Versuch in einer langen Reihe von Versuchen. Edison benötigte rund zehntausend Versuche, bis die erste Glühbirne brannte. Beziehen Sie die achtzigprozentige Erfolgsaussicht auf den *letzten* Versuch (z. B. eine bestimmte Trainingseinheit erfolgreich abzuschließen). Mit dieser Einstellung steigern Sie Ihre Frustrationstoleranz um ein Vielfaches und werden resistent gegen gedankliche Resignationsviren!

Selbstvertrauen steigern

Sie haben nun das erforderliche Wissen, um Ihr Selbstvertrauen als Grundlage Ihrer Selbstdisziplin systematisch **Der Erfolg macht Sie sicher** aufzubauen. Heften Sie ein heroisches Ziel auf Ihre Fahnen, das Ihren Fähigkeiten und Ihrem Selbstvertrauen entspricht. Der Erfolg wird Ihnen Recht geben und Ihr Selbstvertrauen stärken. Anschließend können Sie sich peu à peu steigern. Wenn Sie Ihr langfristiges Ziel in Etappen aufteilen, geht dieser Prozess zügiger vonstatten, als es Ihnen vielleicht im ersten Augenblick erscheinen mag.

Duales Denken

Dual statt infernal Ein mit Hilfe der Ziele-TREPPE wohlgestaltetes Ziel ist wie ein roter Teppich auf dem Weg zu Ihrem Erfolg. Nun wissen wir aus unserer Praxis als Persönlichkeitstrainer und Coaches nur allzu gut, dass es damit in den meisten Fällen noch nicht getan ist. Welche geheimnisvollen psychologischen Mechanismen machen Ihnen bei der Umsetzung Ihrer Vorhaben immer wieder einen Strich durch die Rechnung? Betrachten wir dazu den Prozess des Zielesetzens noch einmal unter dem unbestechlichen Vergrößerungsglas.

Übung 7

Überlegen Sie kurz: Was bewegt Sie dazu, sich ein Ziel vorzunehmen? Was geht Ihnen in dem betreffenden Augenblick durch den Kopf?

Wahrscheinlich haben Sie feststellen können, dass Sie bei der Zielformulierung stets einen sehr konkreten Nutzen vor Augen haben.

Manfred ist erfolgreicher Manager eines großen Konzerns. Er ist verheiratet, hat zwei Kinder und ist 45 Jahre alt. Seine Frau ist ebenfalls berufstätig. Seit Jahren hat er ein ungutes Gefühl dabei, dass er seit Beginn seiner Karriere sportlich untätig war. Erste „Verfallserscheinungen" meint er an seinem Körper bereits wahrzunehmen. Deshalb setzt er sich das hehre Ziel, täglich laufen zu gehen. Seine konkreten Überlegungen dazu sehen wie folgt aus:

Tun „Täglich laufen"

Nutzen:
+ Gesundheit im Alter erreichen
+ Stress abbauen
+ Weniger müde sein
+ Körperliche Fitness verbessern
+ Höheres gesellschaftliches Ansehen erlangen
+ Gutes Gewissen haben
+ Anteil des Körperfetts reduzieren

Im Vordergrund der Überlegungen steht also das verständliche Bestreben, die eigene Gesundheit zu fördern, ein gutes Gewissen zu haben und Stress abzubauen. Andere Beispiele, von denen eines vielleicht auch auf Sie zutreffen wird, sind: Sie wollen das Rauchen aufgeben, weil Sie spüren, dass das Ihrer Gesundheit zuträglich wäre. Oder Sie möchten rechtzeitig von der Arbeit nach Hause kommen, um Ihrer Partnerschaft und der Beziehung zu den Kindern etwas Gutes zu tun. Wenn Sie (wie Manfred) diese Vorhaben ohne weiteres Abwägen absegnen, dann unterläuft Ihnen genau der Kardinalfehler Nummer 1 im Umgang mit Zielen!

> **Beim Pläneschmieden denken Menschen häufig aus-
> schließlich daran, welchen Nutzen sie aus der Umset-
> zung ihres Vorhabens ziehen werden.**

Der Preis ist heiß Mit dem Laufen ist es dann schnell wieder gelaufen. Aus und vorbei, bevor es richtig los ging! Daher rührt die Bezeichnung unseres ersten Kapitels „Träumen". Die *Kosten* werden viel zu wenig bedacht. Auf diese Weise laufen Sie Gefahr, mit beiden Beinen fest in den Wolken zu stehen und eine unsanfte Bruchlandung zu riskieren.

Zielesetzen für Fortgeschrittene

Stellen Sie sich vor, Sie wollten „auf Ihre alten Tage" ein Instrument erlernen, zum Beispiel das Geigenspiel. Vielleicht sind Sie auch bereit, Geld für die Privatstunden aufzubringen und das Instrument zu kaufen. Aber wie viele Stunden des Übens Sie investieren müssen, bis der erste saubere Wohlklang Ihr Ohr umschmeichelt – das haben Sie sich möglicherweise nicht überlegt. Und genau hier liegt der Vorteil einsatzbezogener Ziele. Anhand der Frage, was Sie zu *tun* bereit sind, um das Geige spielen zu erlernen, wird der zu zahlende Preis erst deutlich. Denn dass Sie zum Üben ein Instrument, einen Lehrer und Noten brauchen, ist klar. Durch das einsatzbezogene Ziel jedoch erscheinen neben dem ergebnisorientierten *Bild* des Zieleinlaufs „Hurra, ich kann Geige spielen" *weitere Bilder*, die sich auf den Weg dorthin beziehen. Folgende zusätzliche Bilder könnten beispielsweise auftauchen:

- „Kinderlieder" spielen
- Fingerübungen absolvieren
- Zeiten der Stagnation durchleben und aushalten

Kehren wir zurück zu Manfred und seinem Ziel, täglich laufen zu gehen – was bedeutet es für ihn, den damit verbundenen Preis zu zahlen? Angenommen, er ist so klug, die Kosten *einsatzbezogen* zu kalkulieren. Welche Gedanken kommen ihm dann in den Sinn?

Tun „Täglich laufen"

Nutzen:
+ Gesundheit im Alter erreichen
+ Stress abbauen
+ Weniger müde sein
+ Körperliche Fitness verbessern
+ Höheres gesellschaftliches Ansehen erlangen
+ Gutes Gewissen haben
+ Anteil des Körperfetts reduzieren

Kosten:
– Anstrengend
– Kostet Geld (z. B. Pulsuhr, Trainingsanzug, Joggingschuhe kaufen)
– Kostet Zeit
– Gelenke werden belastet
– Im Winter macht das Laufen keinen Spaß
– Zeiten mit dem Partner abstimmen/organisatorischer Aufwand

Damit haben wir einen dicken Hund ausgegraben: Die Vernachlässigung des einsatzbezogenen Preises. Das eigentliche Aha-Erlebnis steht Ihnen aber noch bevor. Um dieses Großereignis richtig auskosten zu können, sollten Sie auf die folgende Übung unter keinen Umständen verzichten. Sie würden damit eine zentrale Erkenntnis dieses Buches versäumen!

Übung 8: Kosten-Nutzen-Rechnung
Nehmen Sie ein beliebiges Vorhaben zur Hand, das Sie bereits *wiederholt nicht umgesetzt* haben. Tragen Sie dazu, wie oben dargestellt, die Vor- und Nachteile, die Ihnen dazu einfallen, in eine entsprechende Tabelle ein.

Ziele dual durchdacht Gehören Sie zu den Menschen, die sich des Öfteren denken: „Der Tag müsste 48 Stunden haben?" Dann können auch Sie enorm vom Dualen Denken profitieren. Diesem wohnen nämlich gewisse Gemeinsamkeiten zum Prioritätensetzen inne. Wahrscheinlich laufen auch Sie zu vielen Zielen auf einmal hinterher.

Der Supermarkt der frommen Wünsche Es ist, als ob Sie mit Ihrem Einkaufswagen durch den Supermarkt der frommen Wünsche fahren. Sie denken sich beispielsweise: „Ich werde Vegetarier. Damit steige ich im Ansehen mancher meiner Freunde, lebe gesünder und bin mit meinem Gewissen im Reinen." Und Sie legen das Ziel „Vegetarier werden" in Ihren Einkaufswagen. Sie fahren weiter, da kommt Ihnen die Idee „Ab heute werde ich täglich mindestens eine halbe Stunde mit meiner Tochter spielen – und zwar auch an Arbeitstagen. Genau! Ich will schließlich eines Tages von mir behaupten können, eine gute Mutter oder ein guter Vater gewesen zu sein." Und Sie legen das Ziel „Täglich mit meiner Tochter spielen" in Ihren Einkaufswagen. Sie ziehen guter Dinge weiter. Wenig später kommt Ihnen ein neues Marketingkonzept in den Sinn. Sie sehen schon voraus, wie Sie sich in der nächsten Besprechung in den erwärmenden Lobeshymnen des Geschäftsführers sonnen werden. Und Sie legen das Projekt „Neues Marketingkonzept" in Ihren Einkaufswagen. Schließlich kommen Sie zur Kasse und legen in freudiger Erwartung Ihre gefundenen Ziele auf das Laufband. Da erscheinen die einzelnen Preise auf der Anzeigetafel:

56

Ziel: „Täglich eine halbe Stunde mit der Tochter spielen."
Das macht dreieinhalb Stunden in der Woche. Das bedeutet,

- abends weniger fernsehen
- am Wochenende weniger Zeit für Ihr Lieblingshobby
- weniger Zeit allein mit dem Partner etc.

Ziel: „Neues Marketingkonzept erstellen". Das macht viele
dutzende Stunden. Das heißt,

- Überstunden anhängen oder
- andere Projekte zurückstellen etc.

Übung 9: Der Supermarkt

Bevor Sie weiterlesen, nehmen Sie sich eine Minute Zeit, um
über diese Metapher nachzudenken. Was ist das Besondere an
den Rechnungen in unserem Supermarkt? Welche Erkenntnisse
ziehen Sie daraus für sich?

Denken Sie in alternativen Bildern

Nur *innerhalb ein und desselben Bildes* an den Nutzen und
den Preis zu denken – darin besteht der Kardinalfehler
Nummer 2 beim Pläneschmieden. Normalerweise fällt Ihnen zum Marketingkonzept als Preis bestenfalls ein, welche
Informationen Sie dazu sammeln müssen, wer bei der Präsentation Ihre Mitbewerber sein könnten, wie viele Stunden Arbeit es Sie kosten wird etc. Damit bleiben Sie dem
Bild „Marketingkonzept" verhaftet. Sie denken dann nicht
in *Alternativen*. Im obigen Beispiel wird sich unser Manager vielleicht anfangs begeistert ans Werk machen. Nur irgendwann schlummert das Marketingkonzept sanft in der
hintersten Schublade seines Schreibtisches. Warum lässt er
die imageträchtige Idee des Marketingkonzepts wieder fallen? Weil er sich damit konfrontiert sieht, ein *zweites* Pro-

jekt, sein „Lieblingsprojekt", einschränken zu müssen. Er bemerkt, dass er unmöglich für *beide* Projekte Zeit hat!

Dazu ein weiteres Beispiel: Ein junger Mann, der den Beruf des Zahnarztes wählt, entscheidet sich damit *gegen* hundert andere Berufe. Hat er bei der Wahl nur eine normale Kosten-Nutzen-Rechnung angestellt, so entgehen ihm die Vor- und Nachteile der übrigen Berufe und er wählt die *erstbeste* Möglichkeit, die seinen Ansprüchen genügt. Während des Studiums wundert er sich dann vielleicht, dass ihm die nötige Konsequenz fehlt. Oder aber er kommt erst im Laufe seines Berufslebens und einzementiert in Sachzwänge zu der Erkenntnis, dass er zwar einen Beruf ausübt, aber seine eigentliche Berufung für alle Zeiten verfehlt hat.

Ihr Leben ist wie ein Supermarkt – denken Sie immer daran, dass irgendwo die Kasse auf Sie wartet!

Opportunitätskosten sind Verzichte Der Preis ist also in jedem Fall zu bezahlen. Kalkulieren Sie nicht bloß die Vor- und Nachteile Ihrer Vorhaben! Das ist die alte Schule, die Sie schon Ihre Eltern gelehrt haben. Sondern überlegen Sie sich ebenso, was Sie alles *nicht* tun können, wenn Sie Ihr Ziel konsequent verfolgen. Wie hoch sind die Opportunitäts-Kosten, das heißt, worauf genau werden Sie bewusst verzichten müssen?

Denken Sie in Alternativen!

Genau hier setzt das Modell des Dualen Denkens den Hebel an. Lassen Sie sich mit uns auf ein gedankliches Abenteuer ein, das im ersten Augenblick einige Verwirrung stiften kann. Wir versprechen Ihnen, Sie wohlbehalten durch das Dickicht des Gedankendschungels wieder ans helle, nebelfreie Tageslicht zurück zu führen.

Die vier Schritte des Dualen Denkens:

1. Tabelle mit den Alternativen zum anvisierten Ziel anlegen

Vier Schritte zur dualen Entscheidung

2. Vor- und Nachteile der Alternativen auflisten
3. Tun-als-ob-Entscheidungen
   a. Kosten-Nutzen-Rechnung für das anvisierte Ziel aufstellen
   b. Kosten-Nutzen-Rechnung für die Alternativen vornehmen
4. Duale Entscheidung treffen

1. Tabelle mit Alternativen zum anvisierten Ziel anlegen

Die Abbildung auf Seite 60 veranschaulicht die ersten beiden Schritte des Dualen Denkens.

Manfred hat darüber nachgedacht, was er anstelle des Laufens eigentlich bisher getan hat (Fernsehen) – bislang hat er schließlich auch nicht Däumchen gedreht. Außerdem überlegt er, welche alternativen Vorhaben er in Angriff nehmen könnte (Tanzkurse mit seiner Frau besuchen, mehr Zeit für die Kinder haben).

Bisher waren wir es gewohnt, lediglich über die Vor- und Nachteile des Tuns nachzudenken (womöglich sogar nur über die Vorteile). Der Ausdruck „dual" erklärt sich daraus, dass wir den Vor- und Nachteilen des Tuns die Vor- und Nachteile des *Lassens* gegenüber stellen. Diese folgende Frage stellen wir uns viel zu selten: „Was ist mein Nutzen, wenn ich das Ziel nicht in Angriff nehme und alles so lasse wie es ist?"

2. Vor- und Nachteile der Alternativen auflisten

Sodann hat sich Manfred in einem individuellen Brainstorming mit den diversen Vor- und Nachteilen der Alternativen auseinander gesetzt.

Alternative „Täglich laufen"	Alternative „Fernsehen"	Alternative „Tanzkurse besuchen"	Alternative „Mehr Zeit für die Kinder"	...
Vorteile: + Fitness + Stress abbauen + höherer Grad an Wachheit ...	Vorteile: + informiert sein + entspannt (nicht selbst denken) + unterhalten werden ...	Vorteile: + verschafft Bewegung + gemeinsames Hobby mit Partner + neue Leute kennen lernen ...	Vorteile: + gut für die Beziehung + bringt Freude + dabei abschalten ...	Vorteile: ...
Nachteile: – Belastung der Gelenke – körperliche Anstrengung – zeitintensiv	Nachteile: – weniger Kommunikation in der Familie – passiv ...	Nachteile: – kostet Geld – kostet Zeit – ungeschicktes Verhalten ...	Nachteile: – kann laut sein („habe genug Lärm bei der Arbeit") – nicht alle Spiele interessant	Nachteile: ...

Abbildung 3: Alternativen identifizieren

3. Tun-als-ob-Entscheidungen

Opportunitäts-Kosten und Opportunitäts-Nutzen

Der eigentliche Clou ist, dass sich nach einer Entscheidung in Bezug auf die Alternativen mit einem Schlag die Vorzeichen umkehren:

■ Die Vorteile der nicht gewählten Alternativen werden zu „Opportunitäts-Kosten" der ausgesuchten Alternative. Opportunitäts-Kosten sind also bewusst in Kauf genommene Verzichte.

60

■ Die Nachteile der nicht gewählten Alternativen werden
zum „Opportunitäts-Nutzen" der gewählten Alternative. Opportunitäts-Nutzen bewirken also den Wegfall
von Nachteilen.

Was eben noch positiv, nämlich ein Vorteil einer Alternative war, verwandelt sich durch die Entscheidung plötzlich
in etwas Negatives. „Opportunitäts-Kosten" und „Opportunitäts-Nutzen" entstehen erst durch die definitive Entscheidung für eine bestimmte Alternative.

3a. Tun-als-ob-Entscheidung für das anvisierte Ziel

Tun „Täglich laufen"	Lassen „Fernsehen"	Lassen „Tanzkurse besuchen"	Lassen „Mehr Zeit für die Kinder"	...
Nutzen: + Fitness + Stress abbauen + höherer Grad an Wachheit ...	**Opportunitäts-Kosten:** + informiert sein + entspannt (nicht selbst denken) + unterhalten werden ...	**Opportunitäts-Kosten:** + verschafft Bewegung + gemeinsames Hobby mit Partner + neue Leute kennen lernen ...	**Opportunitäts-Kosten:** + gut für die Beziehung + bringt Freude + dabei abschalten ...	**Opportunitäts-Kosten:** ...
Kosten: – Belastung der Gelenke – körperliche Anstrengung – zeitintensiv	**Opportunitäts-Nutzen:** – weniger Kommunikation in der Familie – passiv ...	**Opportunitäts-Nutzen:** – kostet Geld – kostet Zeit – ungeschicktes Verhalten ...	**Opportunitäts-Nutzen:** – kann laut sein („habe genug Lärm in der Arbeit") – nicht alle Spiele interessant	**Opportunitäts-Nutzen:** ...

Abbildung 4a: Opportunitäts-Kosten und Opportunitäts-Nutzen

Vor der Tun-als-ob-Entscheidung hatte Manfred es lediglich mit „Vor- und Nachteilen" zu tun. Jetzt aber entstehen ihm Opportunitäts-Kosten und -Nutzen. Angenommen, Manfred entscheidet sich, tatsächlich zu laufen
(Tun), so entgehen ihm die Vorteile des Fernsehens, des
Tanzens und des Spielens mit den Kindern (Lassen). Diese
entgangenen Vorteile sind, ab dem Moment der Entscheidung, die Opportunitäts-Kosten für das Laufen, also die
schon angesprochenen, bewusst in Kauf genommenen
Verzichte. Manfred schielt wehmütig nach diesen entgangenen Vorteilen der Alternative. Und sofort können wir
mitfühlen:

(Ent)scheiden tut weh!

Durch die Informationsgesellschaft stehen uns heute immer mehr Handlungsmöglichkeiten zur Verfügung. Dementsprechend wird das Entscheiden zunehmend schmerz-
hafter, und es ist eine neue Entscheidungsstärke von uns
verlangt. Doch wie schon beim Zielesetzen, so konzentrieren wir uns auch beim Entscheiden viel zu sehr auf den
unmittelbaren Nutzen. Um jedoch eine fundierte Entscheidung treffen zu können, müssen wir umgekehrt
sämtliche Nachteile der Alternativen mitbedenken. Denn
die Wahl einer Alternative bedeutet stets auch, sich von
unzähligen anderen Handlungsmöglichkeiten zu verabschieden oder diese zumindest einzuschränken. Davon
sind, wie gesagt, sowohl Dinge betroffen, die Sie *bis heute*
getan haben, als auch Dinge, die Sie *ab heute* anstelle dessen tun könnten. Selbstdisziplin erhält daher einen immer
größeren Stellenwert. Die „Tun-als-ob-Entscheidung" bildet die Nagelprobe für Ihren Durchhaltewillen und mobi-
lisiert Ihre Einsatzkräfte.

Denken Sie daran, dass Sie sich durch Ihre Wahl auch
die zahlreichen Nachteile der Alternativen sparen!

3b. Tun-als-ob-Entscheidung für die Alternativen

Betrachten wir den Fall, in dem sich Manfred für die Alternative „Fernsehen" entscheidet. Es ergibt sich für ihn folgende veränderte Kosten-Nutzen-Rechnung: Der Nutzen des Fernsehens umfasst nicht nur die Entspannung, die Information etc., sondern, man lese und staune, gleichzeitig sämtliche Nachteile aller übrigen Alternativen (Täglich laufen, Tanzkurs besuchen, mehr Zeit für die Kinder) als Opportunitäts-Nutzen.

Lassen „Täglich laufen"	**Tun** „Fernsehen"	**Lassen** „Tanzkurse besuchen"	**Lassen** „Mehr Zeit für die Kinder"	**...**
Opportunitäts-Kosten:	Nutzen:	Opportunitäts-Kosten:	Opportunitäts-Kosten:	Opportunitäts-Kosten:
+ Fitness + Stress abbauen + höherer Grad an Wachheit	+ informiert sein + entspannt (nicht selbst denken) + unterhalten werden ...	+ verschafft Bewegung + gemeinsames Hobby mit Partner + neue Leute kennen lernen ...	+ gut für die Beziehung + bringt Freude + dabei abschalten ...	...
Opportunitäts-Nutzen:	Kosten:	Opportunitäts-Nutzen:	Opportunitäts-Nutzen:	Opportunitäts-Nutzen:
– Belastung der Gelenke – körperliche Anstrengung – zeitintensiv	– weniger Kommunikation in der Familie – passiv ...	– kostet Geld – kostet Zeit ...	– kann laut sein („habe genug Lärm in der Arbeit") – nicht alle Spiele interessant	...

Abbildung 4b: Opportunitäts-Kosten und Opportunitäts-Nutzen

Duales Denken in Papierform Dieselben Überlegungen können Sie nun für alle *übrigen* Alternativen durchspielen. Der Vorteil des Dualen Denkens ist, dass Sie bei der Entscheidung nicht nur eine *einfache* Kosten-Nutzen-Rechnung anstellen, sondern die Vor- und Nachteile sämtlicher verbleibenden Alternativen in Ihre Überlegungen mit einbeziehen. Die vielfältigen Aspekte einer komplexen Entscheidung vermag unser Gehirn praktisch nicht zu verarbeiten. Deshalb schreit das Duale Denken geradezu nach Papier und Schreibgelegenheit!

Sie erkennen nun auch, weshalb Sie in der Vergangenheit eben *nicht dual gedacht haben*, sondern sich auf die althergebrachte Methode beschränkt haben, eine einfache Kosten-Nutzen-Rechnung anzustellen. Damit war Ihr Denken eindimensional auf ein *einziges* Bild bezogen, welches zu der jeweiligen Zielvorstellung gehörte (Tun). Sie haben die Katze im Sack samt dem Geist in der Flasche gekauft. Häufig hatten Sie keine Ahnung, worauf Sie sich da einließen – oder tun wir Ihnen mit dieser Behauptung Unrecht? Beim Dualen Denken hingegen stellen Sie das Zielbild den vielen anderen Bildern der Alternativen gegenüber (Tun versus Lassen).

Übung 10: Duales Denken

Gehen Sie gemäß den ersten vier Schritten des Dualen Denkens vor:

1. Alternativen zum anvisierten Ziel suchen
2. Tabelle anlegen und sämtliche Vor- und Nachteile zu den Alternativen auflisten

Nun gehen Sie zur dritten Phase über:

3. Tun-als-ob-Entscheidungen

Ihre Erkenntnisse:

_____

_____

Nun wissen Sie auch, weshalb Sie bisher so manches Ziel   **Der heimliche Gewinn**
verfehlt haben. Wahrscheinlich haben Sie sich die fol-
gende Frage nicht gestellt:

> **Welche Möglichkeiten und Vorteile hätten Sie, wenn Sie
> Ihr Vorhaben nicht in Angriff nehmen?**

Im Zusammenhang mit Selbstdisziplin ist das Befassen
mit den Vorteilen, die es hätte, wenn Sie etwas *nicht* tun,
besonders wichtig. Die Vorteile der Alternativen machen
den heimlichen Gewinn aus, den Sie kassieren, so oft Sie
Ihr Ziel verfehlen. Bei genauerer Betrachtung führt nämlich die scheinbar so lästige Inkonsequenz dazu, *kurzfristig* ständig viele kleine heimliche Gewinne abzusahnen,
die einem konsequenten Menschen entgehen. Leider hat
Inkonsequenz zur Folge, dass die *langfristigen* Ergebnisse
alles andere als befriedigen – aber ohne Saat keine Ernte.

Übung 11: Langfristiges Denken

Werfen Sie noch einmal einen Blick zurück zu Ihrer dualen Kosten-Nutzen-Rechnung. Ist es auch bei Ihnen so, dass der Nutzen
Ihres Ziels eher langfristig ist, während die Vorteile des Schei-
terns eher kurzfristig angesiedelt sind?
Ihre Erkenntnisse:

_____

_____

_____

_____

4. Duale Entscheidung treffen

Mit der Methode des Dualen Denkens gelangen Sie zu einer wasserdichten Entscheidung. Ein beliebter Einwand lautet an dieser Stelle: „Führt das nicht dazu, dass ich zu viele Ziele verwerfe?" Ja, daran ist etwas Wahres. Doch sind wir, die Autoren, der festen Überzeugung:

> **Lieber ein Ziel zu viel verworfen, als zehn verfehlt!**

Voreilig kommt von eilig Dadurch setzen Sie Prioritäten, konzentrieren Ihre Kräfte auf das wirklich Wesentliche in Ihrem Leben und erreichen einen rekordverdächtigen Guthabensstand auf Ihrem Selbstvertrauens-Konto. Das Duale Denken ist mithin ein Sicherheitsnetz, das Sie vor unüberlegten Entscheidungen bewahrt. Damit wir es uns jedoch nicht allzu leicht machen und Sie die Botschaft dieses Buches womöglich missverstehen – weil derjenige, welcher sich keine Ziele setzt, auch nicht an diesen scheitern kann –, gibt es auch ein tragfähiges Sicherheitsnetz, um Ziele nicht voreilig zu verwerfen: Die Schutz-Ziele.

Schutz-Ziele

Was tun Sie, wenn die Bilanz des Dualen Denkens negativ gerät? Müssen Sie Ihr Ziel sofort fallen lassen? Um sich nicht vorschnell von einem wichtigen Vorhaben verabschieden zu müssen, gibt es für Sie jetzt gleich einen gut sortierten Koffer voller hilfreicher Werkzeuge. Dieses Methodenset besteht darin,

- nach einem anderen Weg Ausschau zu halten, der zu demselben Ergebnis führt, wie ihn das ursprüngliche Ziel verspricht.
- die möglichen Nachteile des Ziels mit klarem Blick zu betrachten und kalkulieren zu können.
- die möglichen Nachteile durch kleine organisatorische Änderungen aufzufangen.
- Ihr Ziel soweit herunterzubrechen, bis die entstehenden Teilstücke leichter zu überblicken sind. So kann auch eine Elefantenaufgabe in appetitliche Häppchen aufgeteilt werden. Das ursprüngliche Ziel bleibt dabei erhalten. Allein Ihre *Strategie* zur Erreichung dieses Ziels ändert und verfeinert sich.
- das Ziel neu und einsatzbezogen zu formulieren.

Nutzen-Ziele

Manchmal lassen sich Ihre Ziele schwer verwirklichen, weil sie mit Ihren anderen Vorhaben in Konkurrenz stehen. Dies können eigene Vorhaben sein oder auch Aktivitäten, die von Ihrem Vorgesetzten, Ihrem Gatten, Ihren Kindern oder Eltern eingefordert werden. Wie lauten die Interessen, die hinter diesen Forderungen liegen? Diese Frage stellen Sie sich im Rahmen der Erarbeitung von Nutzen-Zielen. Viele Wege führen bekanntlich nach Rom. Ihr persönlicher Kompass besteht in dem Nutzen, den Sie und Ihre Mitmenschen erreichen wollen. In Anlehnung an das Harvard-Konzept, das zur Konfliktschlichtung entwickelt wurde, können wir Ihnen auch beim Ziele setzen zum Vermeiden innerer Konflikte nur empfehlen:

Nutzen optimieren

Rücken Sie ab von Positionen und suchen Sie nach der Verwirklichung Ihrer Interessen!

Die Methode des „force fit"

Ein fantastische Möglichkeit bildet in diesem Zusammenhang eine Kreativitätstechnik, die wir in unseren Seminaren immer wieder zur größten Überraschung unserer Teilnehmer einsetzen und die wir Ihnen am schon oben genannten Beispiel zeigen wollen.

Manfred möchte sich nicht damit zufrieden geben, dass „Laufen" und „Zeit mit der Familie" unvereinbare Gegensätze darstellen sollen. Deshalb fragt er sich, welche seiner *Interessen* hinter diesen beiden Tätigkeiten stecken und welchen *Nutzen* sie jeweils zu bieten haben. Als jeweils vorrangige Interessen fallen ihm „körperliche Fitness einerseits" und „ein erfülltes Familienleben andererseits" ein. An die Nachteile verschwendet er keine weiteren Gedanken. Um die Vorteile miteinander zu verbinden, sucht er nach einer sportlichen Aktivität für die ganze Familie. Mit einem Mal fällt ihm das Fahrrad fahren ein. An Wochenenden könnten doch alle gemeinsam Fahrradtouren unternehmen.

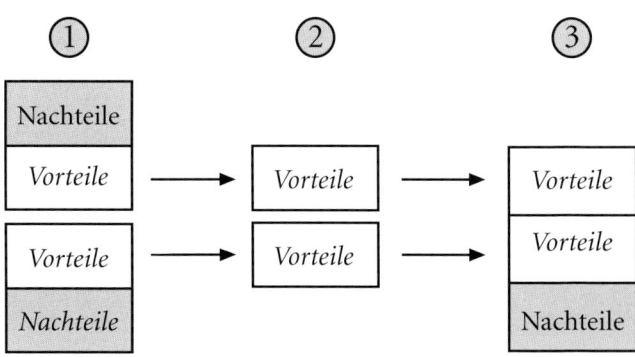

Abbildung 5: Nutzen-Ziele definieren

Die hier angewandte Methode nennt sich „force fit". Dabei werden von zwei oder mehr Alternativen ausschließlich die Vorteile ermittelt. Anschließend sucht man nach einer neuen Alternative, die sämtliche Vorteile in sich vereint und so neue Handlungsmöglichkeiten eröffnet. Die so gefundene Alternative umfasst neben neuen Nachteilen die Vorteile der beiden Ursprungsalternativen.

Reframing – einen neuen Bezugsrahmen finden

Manfred empfindet es als ausgesprochen negativ, dass das Laufen im Freien stattfindet. Er kann sich schon jetzt lebhaft vorstellen, wie es manchmal regnen wird, ein starker Wind wehen oder es draußen in der Kälte ungemütlich sein wird, während alle Annehmlichkeiten dieser Welt zu Hause auf ihn warten. Doch so schnell gibt sich Manfred nicht geschlagen. Er betrachtet diese Nachteile unter einem neuen Blickwinkel und stellt überrascht fest: „Je kälter es draußen ist oder je mehr es regnet, desto mehr Punkte kann ich auf meinem Selbstvertrauens-Konto sammeln, desto stolzer werde ich anschließend auf mich und meine Leistung sein!"

Was hat Manfred getan? Er war nicht so bequem, sein Ziel so mir nichts dir nichts im Stich zu lassen. Er wählte einen neuartigen Denkansatz, indem er den Nachteilen einen neuen Bezugsrahmen verpasste (frame = engl. Rahmen), in seinem Fall eben das Selbstvertrauens-Konto. Probieren Sie es einmal aus, die Nachteile eines Ihrer Ziele mit anderen Augen zu betrachten, so als würden Sie Ihr Lieblingsbild an einen neuen Platz hängen – das zeigt Ihnen ungeahnte, zukunftsweisende Perspektiven auf und lässt Ihre Vorhaben in neuem Licht erscheinen.

Übung 12: Reframing

Gibt es beruflich oder privat eine Tätigkeit, die Ihnen so richtig auf die Nerven geht? Aus welchen Gründen?

_____

_____

Welche positiven Aspekte haben diese Nachteile? Was ist das Gute am Schlechten?

_____

_____

In welcher Weise hat sich Ihre Einstellung zu dieser Tätigkeit verändert?

_____

_____

Teil-Ziele

Teilziele definieren und Etappensiege feiern

Das Auffächern eines Ziels in Teilziele ist die beste Möglichkeit, sowohl die subjektive als auch die objektive Schwierigkeit Ihres Ziels zu verringern. Die Mehrzahl „Teil-Ziele" haben wir bewusst gewählt. Damit kommt zum Ausdruck, dass das eigentliche Ziel nach wie vor besteht. Lediglich die Einheiten, in welchen Sie es verwirklichen und in denen Sie _denken,_ haben sich geändert. Kartoffelbrei lässt sich bekanntlich auch in großen Mengen und ohne zu kauen hinunterschlucken. Wie aber steht es mit den „bitteren Pillen"? Die sollten klein sein (Teil-Ziele) und mit Wasser (Strategie) eingenommen werden. Auf die gleiche Weise können Sie die harten Brocken, die großen Herausforderungen in Ihrem Leben anpacken. In einer Fernsehdokumentation über Salvadore Dali kam uns das schier Unglaubliche unter: Der Maler hat einen massiven Spiegelschrank komplett verspeist – in fein zermahlener Form.

Solche Kunststücke können auch Sie vollbringen (wir meinen mental und nicht oral), wenn Sie Ihr Gesamtziel zwar nicht pulverisieren, es aber in mehrere vernünftige Etappenziele unterteilen. Diese einfache Technik hat drei entscheidende Vorteile:

■ Weniger Stress: Sie stehen nicht länger vor einem unüberwindlichen Berg, sondern vor einer beschaulichen Hügellandschaft wie in der Toskana.
■ Mehr Motivation: Ihre Erfolgsaussichten steigen.
■ Eine realistische Planung: Sie merken sofort, ob Sie überhaupt die Zeit und die nötigen Ressourcen haben, um alle Etappen zu absolvieren.

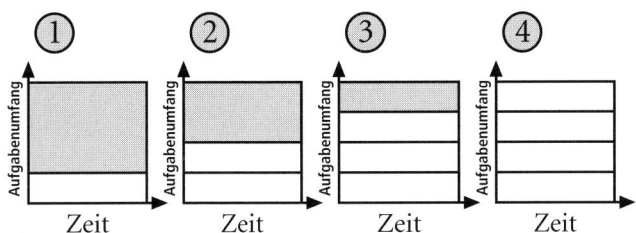

Abbildung 6: Teil-Ziele definieren

Ziele auf Zeit

Ziele auf Zeit eignen sich in drei Fällen ganz besonders gut:

1. In vielen Fällen werden Sie gleich das ganze Ziel auf einmal anpacken wollen. Falls Sie nur so vor Selbstvertrauen strotzen, sind Teil-Ziele Ihnen zu „zahm". **Das ganze Ziel im Visier**

71

Entscheidungen unantastbar machen

2. In anderen Fällen lässt sich das Ziel nicht oder nur schwer in Teilziele zerlegen. Beispiel: Sie wollen sich als Steuerberaterin selbstständig machen, aber Ihr derzeitiger Arbeitgeber duldet kein zweites Standbein. Ihnen bleibt daher nur der Sprung ins kalte Wasser. Leider liegt Ihnen Ihr Mann mit den möglichen Risiken der Selbstständigkeit in den Ohren. Und so können Sie sich nie richtig zu einer Entscheidung durchringen. Der Vorteil von Zielen auf Zeit: Sie kommen endlich zu einer Entscheidung und überdenken diese erst wieder zu einem vorher festgelegten Zeitpunkt. Dieser Zeitpunkt könnte beispielsweise nach einem vollen Jahr sein. Alle Zweifel, die während dieser Zeit in Ihnen aufsteigen, notieren Sie sich sorgfältig. Auf diese Weise können Sie einerseits sicher sein, die Stimme der Vernunft nicht zu überhören. Andererseits kommen Sie endlich ins Handeln. Sie konzentrieren Ihre Kräfte über einen vorher genau definierten Zeitraum hinweg.

Die Realität testen

3. Was wir häufig brauchen, das sind Entscheidungen „zum Anfassen". Vielleicht haben auch Sie sich einmal in Zeiten der EU überlegt, für eine gewisse Zeit ins Ausland umzuziehen. Solange Sie zu Hause im stillen Kämmerlein sitzen, ist es einfach, davon zu träumen. Tatsache ist aber, dass Sie gar nicht wissen, was Sie dort konkret erwartet. Ein Ziel auf Zeit stellt eine willkommene Zwischenlösung dar. Sie tun für eine Weile so, als ob Sie tatsächlich dorthin wollten. Während dieser Zeit treffen Sie alle notwendigen Vorkehrungen, holen Informationen über das Land Ihrer Träume ein, berichten Ihrer Familie und Ihren Freunden von Ihrem Entschluss und so weiter. Auch hier ist am wichtigsten, dass Sie ins Handeln kommen. Ob Sie mit einer Entscheidung glücklich sein werden, erfahren Sie letzten Endes nur über das Tun! Zermürbend wirkt der Eiertanz einen Schritt vor

und zwei zurück. Nein, schaffen Sie klare Verhältnisse – selbst wenn Sie am Ende des vorher festgesetzten Zeitrahmens Ihre Entscheidung revidieren und im Lande bleiben. Sie verschwenden Ihre kostbare Lebenszeit jedenfalls nicht damit, in Gedanken in einem fernen Land zu leben, in dem (angeblich) alles viel besser ist.

Durch ein Ziel auf Zeit erreichen Sie eine Entscheidung zum Anfassen!

Die Psychologie nennt das „Realitätstesten". Wie wirklich ist die Wirklichkeit, entspricht sie Ihrer Fantasie? Manchmal muss man in seinem Leben erst etwas ausprobieren, um zu erkennen: „Eigentlich will ich etwas ganz anderes!"

Aber kehren wir zu Manfred zurück. Am 1. Mai beschließt er, für die nächsten drei Wochen täglich laufen zu gehen. Bis zum 22. Mai macht er sich über die Belastung seiner Gelenke, den organisatorischen Aufwand und ob es eventuell eine bessere Möglichkeit gäbe, körperliche Fitness zu erlangen, absolut keine Gedanken mehr, sondern schreibt die Einwände des „inneren Schweinehundes" lediglich auf. Während dieser Zeit lässt er auch keine einzige Ausnahme zu, denn es ist ihm klar, dass Ausnahmen Ziele töten. Guten Gewissens kann er darauf spekulieren, dass sich nach dieser Zeit bereits eine Gewohnheit herauszubilden beginnt. Am 22. Mai wertet er seine Notizen aus, überdenkt seine Entscheidung und setzt eine neue Entscheidung auf Zeit fest – dieses Mal über einen längeren Zeitraum, denn dass ihm das Laufen wider Erwarten Spaß macht, hat er mittlerweile ja freudig festgestellt.

Der Erzfeind Ihres Ziels ist die Ausnahme

73

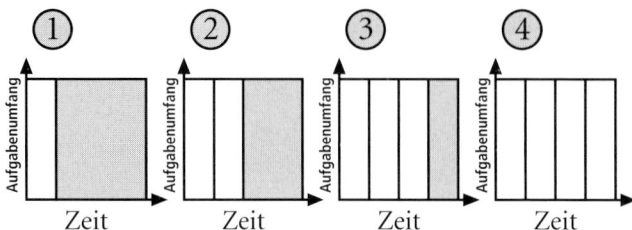

Abbildung 7: Ziel auf Zeit

4. Das Ziel auf Zeit ermöglicht Ihnen außerdem, sich nicht durch Launen und Selbstzweifel von Ihrem Ziel ablenken zu lassen. Denn innerhalb des definierten Zeitraums ist Ihre Entscheidung unumstößlich. Das Ziel auf Zeit ist endgültig – bis zum Ende gültig.

Einsatzbezogene Ziele

Was können Sie tun bei

- fremdbestimmten Zielen (z. B. Vorgaben vom Unternehmen) und / oder
- Zielen, die nicht allein unter Ihrem Einfluss stehen?

Obwohl wir im Rahmen der Ziele-TREPPE bereits eindringlich darauf hingewiesen haben, möchten wir noch einmal darauf zurückkommen: Es ist wichtig, dass Sie Ihre Ziele unter Ihre eigene Kontrolle bringen. Wer dieses Prinzip beherzigt, schont den Guthabenssaldo auf seinem Selbstvertrauens-Konto.

> Sein Selbstvertrauen auf Faktoren jenseits der eigenen Kontrolle aufbauen zu wollen, heißt russisches Roulette im psychischen Bereich zu spielen.
>
> (James E. Loehr)

Einsatzbezogene Ziele vergrößern Ihre Einfluss-Sphäre. Nehmen wir zum Beispiel an, Sie wollen sich endlich wieder verlieben. Die ergebnisorientierte Betrachtung lässt nur einen (fatalen) Schluss zu: „Sich zu verlieben, kann man nicht erzwingen." Einsatzbezogen gehandelt sehen Ihre Erfolgsaussichten viel rosiger aus. In dem Bewusstsein, dass Sie sich nicht auf Knopfdruck verlieben können, besuchen Sie einen Tanzkurs, nehmen Sie Kontakt zu alten Bekannten auf, die Sie sträflich vernachlässigt haben, und treten einem Verein bei. Dafür verbringen Sie weniger Zeit vor dem Fernseher. Mit der Einsatzbezogenheit sind Sie bestens beraten.

Durch den Fokus auf Ihren Einsatz kommen Sie letztlich nicht umhin, sich genau zu überlegen, welche konkreten Handlungsschritte Sie ans Ziel führen werden. Im Zusammenhang mit Ihrem Beruf dürfen Sie erst dann von sich behaupten: „Ich habe alles getan, was in meiner Macht stand, um die vorgegebenen Ziele zu erreichen. Ich habe mir nichts vorzuwerfen."

Auf der Siegerstraße lauert die Gefahr der ausschließlichen Ergebnisorientierung: Der 100-Meter-Läufer, der sich schon nach 90 Metern als Erster am Ziel wähnt, verliert die nötige Spannung, um seinen vollen Einsatz bis zur Ziellinie zu bringen. Oder aber er wird ungeduldig und versucht, das Ergebnis zu erzwingen, was zum Verkrampfen führt.

Tun führt auf die Siegerstraße

Vielleicht-Ziele

In etlichen Motivationsbüchern steht zu lesen, wie wenig Energie durch Formulierungen wie etwa „Ich werde es *versuchen*" oder „Na gut, ich *probier's*" freigesetzt wird. Das ist natürlich richtig. Aber folgt daraus, dass Vielleicht-Ziele grundsätzlich zu vermeiden sind? Nein! Unser eindringlicher Rat kann nur lauten, dass Sie sich in Ihrem Leben keiner Handlungsalternativen berauben sollten, denn Wahlmöglichkeiten schaffen Vorfreude! Vielmehr sollten Sie sich darüber Gedanken machen, in welchen (vielleicht eher seltenen) Situationen eine solche Vorgangsweise hilfreich sein wird.

Es gibt kein falsches Verhalten, es gibt nur falsche Situationen!

Auch ein Vielleicht-Ziel kann mitunter eine sehr elegante Variante sein. Dazu ein Beispiel aus der Praxis:

Auf Susannes Schreibtisch erhebt sich die Papierstapel-Skyline bereits so hoch, dass sich ihre Kolleginnen schon gar nicht mehr zu fragen trauen, woran Susanne eigentlich arbeitet. Immerhin kann sich jeder vorstellen, dass sie in diesem Chaos die meiste Zeit mit Suchen verbringt. Doch allein der Gedanke an die Ablage löst bei Susanne schiere Verzweiflung aus. Daher notiert sie sich „Ablage machen" als Vielleicht-Ziel in ihrem Kalender.

Was glauben Sie, wird nun mit einiger Wahrscheinlichkeit passieren? Richtig, der Druck des Papierberges, der auf Susannes Schultern lastet, fällt mit einem Male weg. Aus *freien Stücken* entscheidet Sie sich, einen *ersten Schritt* in Richtung Aufräumen zu tun. Vielleicht-Ziele sind immer dann günstig, wenn Sie bislang mit roher Gewalt (z. B. Selbstbeschimpfung) vergeblich probiert haben, sich selbst zur Räson zu bringen. Das Vielleicht-Ziel liefert Ihnen keine Garantie dafür, dass Sie Ihr Vorhaben verwirklichen. Aber es ist in jedem Falle besser, als weiterhin den

Kopf in den Sand zu stecken und ungebrochen dem Jäger- und Sammlersyndrom zu frönen.

Ein Vielleicht-Ziel ist besser als ein immer wieder verfehltes Ziel!

Vor allem aber ist es besser als *kein* Ziel. Wem das Vielleicht-Ziel dennoch nicht behagt, dem sei das verbindliche Ausprobieren ans Herz gelegt. Susanne könnte alternativ beschließen, dass sie sich nicht darauf festlegt, die gesamte Ablage zu sortieren. Obligatorisch ist lediglich der Termineintrag und dass sie endlich einmal mit dem persönlichen Kick off beginnt. Ob Susanne anschließend auch weitermacht, bleibt ihr überlassen. Die Erfahrung zeigt jedoch, dass wir – einmal mühsam begonnen – uns denken: „Jetzt bin ich schon dabei, jetzt bringe ich es auch hinter mich."

Verbindliches Ausprobieren ist besser als Bleiben lassen

4. Dual entscheiden
In der Praxis gehen viele Menschen Ihre Ziele mit großem Elan an. Doch mit der ersten kleinen Widrigkeit konfrontiert, geben sie auf. Wie kommt das? Auch hier ist alles eine Frage der gedanklichen Perspektive.

Thomas steht kurz vor seiner Examensprüfung. Eigentlich sollte er lernen, aber „irgend etwas" hindert ihn daran. Thomas verspürt nicht die geringste Lust zu lernen. Wenn er das Wort „Prüfung" hört, muss er augenblicklich an die „inquisitorischen Fragen" seiner Prüfer, an die dicken Skripten und Bücher, die er noch durcharbeiten muss, und an seine Angst durchzufallen denken, und er vergräbt sich im hintersten Winkel seiner Studentenbude oder im nächstgelegenen Pub.

Wählen Sie einen ganzheitlichen Denkansatz Welche Bilder tauchen bei Thomas im Zusammenhang mit der Prüfung auf? Ähnlich wie mit dem Zielesetzen, bei dem Menschen dazu neigen, ausschließlich an Ihren unmittelbaren Nutzen zu denken, verhält es sich auch bei unangenehmen Situationen: Vor einem Hindernis stehend, fallen uns nur die negativen Aspekte unserer Entscheidung, die Kosten, ein. Die Lösung besteht auch hier darin, einen *ganzheitlichen* Denkansatz zu wählen. Wir sprechen davon, „Handlungspakete zu schnüren".

Handlungspakete schnüren *Thomas redet sich nicht etwa ein, dass er im Augenblick lieber über seinen Büchern sitzt, als ins Freibad zu seinen Freunden zu gehen. Aber er fängt an, die Arbeit als Teil der auf ihn wartenden Belohnung zu betrachten. Dieses Studium will er endlich hinter sich lassen, finanziell unabhängig von seinen Eltern werden und sich voller Stolz als Akademiker bezeichnen dürfen – da gehört es einfach dazu, dass er jetzt lernt. Ja, im Grunde genommen will er zu dieser Prüfung gehen. Sie ist das Tor zu seinem neuen Leben.*

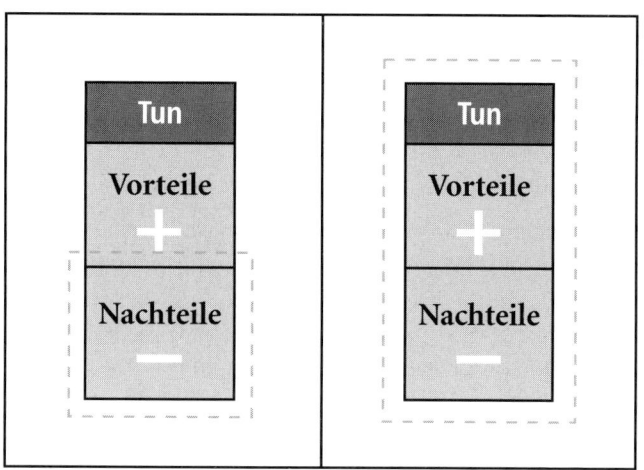

Abbildung 8: Handlungspakete schnüren

Die ausschließliche Konzentration auf die Nachteile einer Handlung lässt Sie schon erstarren, bevor es überhaupt los geht (linker Teil der Abbildung). Handeln im Bewusstsein von umfassenden Handlungspaketen lässt Sie die Nachteile als Vorboten von Vorteilen erleben (rechts). Stellen Sie sich also jede Alternative wie ein solches Handlungspaket vor, das sowohl positive als auch negative Aspekte umfasst, wie die berühmten zwei Seiten der Medaille. Betrachten Sie ein Paket als unteilbares Ganzes, das wie durch eine dicke Trennwand von anderen Handlungspaketen geschieden ist. Stellen Sie ein großes Stoppschild auf vor dem groben Unfug, bei der Suche nach dem Unerreichbaren ständig zwischen den Vor- und Nachteilen verschiedener Pakete hin und her zu springen.

Übung 13: Dual entscheiden

Jetzt, da Ihnen alle Möglichkeiten offen stehen, sollte es auch Ihnen leichter fallen, eine kraftvolle und tragfähige – eben duale – Entscheidung zu fällen. Zur Wahl stehen:

- Teil-Ziele definieren
- Ziele auf Zeit festlegen
- einsatzbezogene Neuformulierung des Ziels vornehmen
- Ziel durch Nutzen-Ziel ersetzen
- Vielleicht-Ziel setzen (besser als nichts!)

Welche Strategie wählen Sie, um Ihr ursprüngliches Ziel nicht streichen zu müssen, sondern doch noch zu erreichen?

Falls keine der angebotenen Strategien Ihnen eine Hilfe bieten sollte, streichen Sie Ihr Ziel von Ihrer Liste. Sie können das mit gutem Gewissen tun, Sie haben es sich nicht leicht gemacht. Vermerken Sie eventuell einen Termin in Ihrem Zeitplaner, um sich zu einem späteren Zeitpunkt noch einmal mit Ihrem Ziel auseinander zu setzen. Es

könnte ja sein, dass die Zeit dann reif ist, denn die Zeit ist
ja immer reif, manchmal weiß man bloß nicht wofür.

**Ein aufgegebener Wunsch ist mindestens ebenso wert-
voll wie ein erfüllter.**

(Aristoteles)

**Vorteile des
Dualen Denkens** Waren Sie bereit den Preis zu zahlen, der auch die Aufgabe
möglicher alternativer Vorhaben umfasst? Gratulation!
Sie haben ein waschechtes Ziel! Damit kann Ihnen kaum
noch etwas zustoßen. Gegen Verlockungen des inneren
Schweinehundes am Wegesrand sind Sie gefeit. Sie wissen,
was Sie aufgeben. Den Abschiedsschmerz haben Sie bereits hinter sich. Damit erschweren Sie sich den Zugang zu
Hintertürchen und Geheimausgängen.

Wahrscheinlich haben auch Sie erfahren, wie schwer es ist,
tragfähige und dauerhafte Entscheidungen zu treffen.
Gleichzeitig aber werden Sie in Zukunft vor voreiligen
Entscheidungen bewahrt. Dadurch konzentrieren Sie Ihre
Energien auf das wirklich Wesentliche in Ihrem Leben,
statt zu versuchen, auch die Siege auf den Nebenschau-
plätzen einzufahren. Dieses Prinzip der Konzentration der
Kräfte erhöht Ihre Erfolgsaussichten beträchtlich. Zusätzlich können Sie mit einem spürbaren Wachstum Ihres
Selbstvertrauens-Kontos rechnen, und Sie erleben dann
vor allem keine bösen Überraschungen hinterher, denn
Enttäuschungen sind ja bekanntlich das Ende von Täu-
schungen. Sie erleben ein Gefühl der Freiwilligkeit und
eine erhöhte Bindung an Ihr Ziel. Wenn Sie nicht nur Ihr
Ziel erreichen, sondern auch den dafür fälligen Preis zahlen wollen, dürfen Sie mit Stolz von sich behaupten, zum
„Wollen zweiter Ordnung" vorgedrungen zu sein.

Eine solche duale Entscheidung ist der Superkleber zwischen Ihnen und Ihrem Ziel. Die Hürden, die Sie auf dem Weg zu Ihrem Ziel überklettern müssen, sind Ihnen bekannt, beziehungsweise Sie haben ein ausreichendes Energiepolster im Fall von unerwarteten Hindernissen. Sie überwinden alle diese Hindernisse, weil Sie wissen, dass Sie Ihrem Ziel mit jedem überwundenen Hindernis ähnlich einem Hürdenlauf wieder ein Stück näher gekommen sind.

Praxistipps:

▓ Bestimmte Ziele haben von Anfang an bessere Erfolgsaussichten. Immer dann, wenn Sie eine Gewohnheit lediglich *variieren*, müssen Sie sich über die Vorteile des Lassens weit weniger Gedanken machen. Nehmen wir als Beispiel das Ziel „Vegetarier werden". Etwaige Kosten sind:
  • Verzicht auf Fleisch
  • weniger Auswahl auf der Speisekarte im Restaurant
  • weniger Variationsmöglichkeiten beim Kochen
  • hin und wieder auf Unverständnis bei Bekannten stoßen
All diese Aspekte fallen uns auch ohne Duales Denken ein. Es genügt hier eine herkömmliche Kosten-Nutzen-Rechnung. Kochen tun Sie ohnehin. Es kostet keine zusätzliche Zeit oder zusätzliches Geld, und es gibt nichts, auf was Sie plötzlich verzichten müssen. Außer auf Fleisch – aber das ist keine wirkliche Überraschung, oder?

▓ Lassen Sie wichtige Entscheidungen über Nacht reifen. Von diesem Verschieben können Sie nur profitieren.

▓ Unterscheiden Sie in Zukunft stärker zwischen solchen Dingen, die Sie sich ernsthaft vornehmen, und solchen, die Sie lediglich als Idee ins Auge gefasst haben. Legen Sie zwei getrennte Listen an:
  Eine herkömmliche „To-do-Liste".
  Eine „Plan-to-do-Liste".

▓ Nutzen Sie das „Wundermittel Papier" oder EDV.

> **Mit dem Dualen Denken verleihen Sie Ihrer Entscheidung Kraft!**

„To-do-Liste" und Ideenspeicher anlegen

Die „To-do-Liste" ist verbindlich, die „Plan-to-do-Liste" dient als Ideenspeicher. Die Trennung dieser beiden Listen bewahrt Sie vor der Versuchung, Ihren Tagesplan voll zu stopfen. Viele Menschen glauben anscheinend, dass ein übervoller Kalender automatisch auch zu mehr Erfolg verhilft. Das Einzige, was er garantiert, ist ein Übermaß an Stress! Die zusätzliche „Plan-to-do-Liste" hilft Ihnen, zwischen echten Prioritäten und Aufgaben, die „ganz nett" wären, wenn sie erledigt wären, klar zu unterscheiden. Andererseits sorgt sie dafür, dass Sie keine Einfälle vergessen.

> **Wie viel ist ein Ziel wert, für das Sie sich nicht einmal zehn Minuten Zeit nehmen, um es aufzuschreiben und zu durchdenken?**

3. Tun (TATEN)

Ins Handeln kommen

Mittels Ziele-TREPPE und Duales Denken vermögen Sie Ihre Ziele besser zu formulieren und zu einer wasserdichten Entscheidung zu kommen – jetzt gilt es, entsprechend zu handeln. Doch auch hier lauern psychologische Fallstricke, die Sie auf dem Weg zu Ihrem persönlichen Erfolg ins Straucheln bringen können. Warum handeln wir nicht, obwohl wir *angeblich* genau wissen, was wir wollen? Was steckt wirklich hinter unserer Aufschieberitis?

Psychologische Fallstricke

Aufschieben und Verschieben

Aufschieben ist nicht gleich Verschieben. So wird auch in der Psychologie zwischen funktionalem und dysfunktionalem, das heißt ungerechtfertigtem Aufschieben differenziert. Ein Beispiel für funktionales Aufschieben wäre etwa: Sie verschieben eine geplante Tätigkeit, weil diese eine niedrigere Priorität besitzt als eine Aufgabe, die Ihnen gerade delegiert wurde. Oder Sie verschieben, weil Sie noch auf wichtige Informationen warten. Beispiele für ungerechtfertigtes Aufschieben kennen Sie zur Genüge: Sie schlagen sich mit Peanuts herum, anstatt Ihre Tagesprioritäten zu erledigen, oder aber Sie planen endlos Projekte, ohne jemals zu deren Umsetzung zu schreiten. Viel-

Funktionales und dysfunktionales Aufschieben

83

leicht sind Sie ja ein Planungsriese und ein Umsetzungs-
zwerg zugleich. Unglücklicherweise ist die Grenze zwischen funktionalem und dysfunktionalem Aufschieben
fließend. Unsere Erfahrung ist jedoch die, dass Menschen
in den meisten Fällen intuitiv *wissen*, mit welcher Form
des Aufschiebens sie gegenwärtig konfrontiert sind.

Übung 14:
Ob im Beruf oder in der Freizeit – finden Sie mindestens drei Ak-
tivitäten, die Sie (vielleicht sogar im Gegensatz zu Kollegen oder
Bekannten) nicht aufschieben.

1._____

2._____

3._____

Schluss mit der Selbstbeschimpfung Sie werden natürlich auch jetzt schon zahlreiche Aufgaben
nicht vor sich herschieben. Es gibt sicherlich genügend
Freizeitaktivitäten, bei denen Sie, ohne zu zögern, die Är-
mel hochkrempeln. Brandmarken Sie sich also keinesfalls
als „Aufschieber" oder „faulen Hund". Das ist ein erster
wichtiger Schritt zur Bewältigung der Aufschieberitis.
Selbstbeschimpfung zeugt von einem grundlegenden Unverständnis dessen, was Aufschieberitis ihrem Wesen nach
ist.

Aufschieberitis ist der unglückliche Versuch, Stress zu
bewältigen.

Wie Sie bereits wissen, ist dieser Versuch nur kurzfristig erfolgversprechend. Aber das ist auch schon alles. Bitte beachten Sie, dass die obige Definition wertneutral ist. Sie sind kein „schlechter Mensch", bloß weil Sie von einer wenig effektiven Strategie Gerbrauch machen.

Ursachen des Scheiterns

> Verschiebe niemals etwas auf morgen, was du genauso gut übermorgen erledigen kannst.
>
> (Mark Twain)

Eine Aussage, auf die wir in unseren Seminaren häufig treffen, lautet: „Mein Geist ist willig, doch das Fleisch ist schwach." Doch machen Sie es sich mit diesem Spruch, der es Ihnen erlaubt, Ihre Ziele ewig aufzuschieben, nicht oftmals viel zu leicht? In Wahrheit ist das Verzweifeln an den eigenen Zielen gar nicht so mysteriös. Die Kluft zwischen Gedanken und Handlungen ist bei weitem nicht so groß, wie Sie sich vielleicht einreden. Unsere Erfahrung ist, solange Sie Ihr Ziele nicht verwirklichen, stimmt die Feinabstimmung Ihrer mentalen Strategie noch nicht. Betrachten Sie Ihr bisheriges Scheitern einfach als Feedback: „Deine Gedanken sind noch verbesserungsfähig." Aber *welche* Gedanken, welche irrationale Überzeugung lässt Sie immer wieder über Ihre eigenen Füße stolpern?

Scheitern als neutrales Feedback akzeptieren

Die erste Spalte der nachstehenden Tabelle enthält einige Ziele, mit denen Teilnehmer üblicherweise in unsere Seminare kommen. In der zweiten Spalte sind die bewussten Gedanken aufgeführt, die den Teilnehmern durch den Kopf gehen. In der dritten Spalte ist das Verhalten dokumentiert, das scheinbar zwingend die einstweilige Aufgabe des Ziels zur Folge hat.

85

Ziel	Bewusster Gedanke	Verhalten
Ich will täglich im Fitness-Studio trainieren.	„Aber ich habe nach der Arbeit überhaupt keine Lust mehr."	Ich gehe heute nicht trainieren.
Ich will mich durch andere Kollegen weniger ablenken lassen.	„Aber ich schaffe es nicht, mich abzugrenzen und Nein zu sagen."	Ich lasse mich weiterhin ablenken.
Ich will das Rauchen aufgeben.	„Aber es ist so schwierig aufzuhören. Ohne Zigarette halte ich es nicht aus."	Ich rauche immer noch.
Ich will in Zukunft stärker Prioritäten setzen.	„Aber ich kann mich nicht von unwichtigen Aufgaben losreißen."	Ich verschwende endlos Zeit mit unwichtigen Tätigkeiten.
Ich will bewusster essen.	„Ich kann mich nicht beherrschen."	Ich schlinge mein Essen hinunter.

Frustrationstoleranz – ein Hauptbestandteil der Selbstdisziplin Der unserer Meinung nach wichtigste Grund dafür, dass Sie Ihre Ziele verfehlen, obwohl diese doch unter Ihrer eigenen Kontrolle wären (wie beispielsweise regelmäßig Sport zu treiben oder die beruflichen Prioritäten einzuhalten), ist zu geringe Frustrationstoleranz. Geringe Frustrationstoleranz lässt Sie vor Widrigkeiten zurückschrecken. Sie lassen sich von Ängsten und Zweifeln ins Boxhorn jagen. Sind Sie hingegen mit hoher Frustrationstoleranz ausgestattet, halten Sie den verschiedenen Gesichtern des Stresses stand. Hohe Frustrationstoleranz führt automatisch zu mehr Geduld und weniger Ärger. Doch wie können Sie konkret mehr Frustrationstoleranz gewinnen und damit noch ruhiger, gelassener und gelöster werden?

Frustrationstoleranz macht wahrscheinlich den Hauptbestandteil der Selbstdisziplin aus. Und Frustrationstoleranz lässt sich erlernen. Darum werden wir jetzt das Rätsel lüften und Ihnen zeigen, welche irrationale Überzeugung hinter zu geringer Frustrationstoleranz steckt.

Mit anderen Worten: Der Wolf „Ich will nicht!" tritt im Schafspelz des „Ich kann nicht!" auf. Weil Ihnen die Tatsachen („Es fällt mir nicht immer leicht.") nicht zusagen, ignorieren Sie diese trotzig. Diese unbewusste Verschleierung der Fakten bezeichnet Albert Ellis als den „magischen Sprung". Damit Sie sich dazu berechtigt fühlen können, müssen Sie in vielen Fällen noch eine weitere irrationale Überzeugung als Sprungfeder einsetzen: „Die Welt *muss* gerecht sein!" Unter „gerecht" verstehen Sie dann: So, wie Sie es gerne hätten. Leider ist die Welt aber nicht immer gerecht, so sehr Sie es sich auch wünschen mögen. In Wahrheit beabsichtigen Sie, Frustrationen, Ängste, Schmerzen, Unlustgefühle und Stress im Allgemeinen unter allen Umständen zu vermeiden. Sie sehen nicht ein, weshalb Sie leiden sollten.

Unbewusste Verschleierung der Fakten

Leidsätze oder Leitsätze?
Aus der Überzeugung „Es *muss* mir leicht fallen!" resultieren vielfältige Ausreden. Ganz gleich, ob Sie aufschieben, weil Sie keine Lust oder Angst haben, ob Sie Schmerzen oder Stress ausweichen wollen – in allen Fällen geht es letztlich darum, Unlustgefühle zu vermeiden. Dazu lassen Sie sich vielleicht folgende Rechtfertigungen einfallen:

Ziel	irrationale Überzeugung	„magischer Sprung"	bewusster Gedanke	Verhalten
Ich will täglich im Fitness-Studio trainieren.	Es muss mir ganz leicht fallen.	Es fällt mir nicht leicht. Das ist ungerecht. Daher weigere ich mich, diese Tatsache zu akzeptieren.	„Aber ich habe nach der Arbeit überhaupt keine Lust mehr."	Ich gehe heute nicht trainieren.
Ich will mich durch andere Kollegen weniger ablenken lassen.			„Aber ich schaffe es nicht, mich abzugrenzen und Nein zu sagen."	Ich lasse mich weiterhin ablenken.\n\nIch rauche immer noch.
Ich will das Rauchen aufgeben.			„Aber es ist so schwierig, aufzuhören. Ohne Zigarette halte ich es nicht aus."	Ich verschwende endlos Zeit mit unwichtigen Tätigkeiten.
Ich will in Zukunft stärker Prioritäten setzen.			„Aber ich kann mich nicht von unwichtigen Aufgaben losreißen."	Ich verschwende endlos Zeit mit unwichtigen Tätigkeiten.
Ich will bewusster essen.			„Ich kann mich nicht beherrschen."	Ich schlinge mein Essen hinunter.

„Es ist so *schwer* anzufangen."
„Das ist mir zu *anstrengend*."
„Morgen *fühle* ich mich wahrscheinlich eher danach."
„Heute bin ich viel zu *müde*."
„Die Aufgabe ist so *langweilig*."

Andere Aussagen sind bereits Rationalisierungen, welche die schillerndsten Formen annehmen. Diese scheinbar triftigen Gründe sind besonders heimtückisch, weil Sie Ihnen den Blick auf den wahren Kern des Problems verstellen: Das Prinzip der Unlustvermeidung. In Klammern finden Sie jeweils ein *Beispiel* dafür, welche Beweggründe hinter der Ausrede stecken können.

Es lohnt sich nicht mehr anzufangen (z. B. = weil ich mich nicht anstrengen will).
Es ist noch genügend Zeit (= weil ich mich jetzt nicht aufraffen möchte).
Jetzt ist es auch schon egal (= es ist unangenehm, mich gedanklich mit dem Problem zu konfrontieren).
Meine Konzentration reicht nicht mehr aus (= weil ich mich nicht anstrengen möchte).
Ich habe genügend Anderes zu tun (= weil mir speziell diese Aufgabe keine Freude bereitet).
Vielleicht will ich das ja gar nicht (= weil ich dem risikobedingten Stress ausweichen will).
Der Aufwand lohnt sich nicht (= weil es mir zu mühsam ist).
Vielleicht erledigt es sich ja von selbst (= weil mir falsche Hoffnung lieber ist als Unlust).

Durch Ausreden entledigen Sie sich der Selbstverantwortung

Wie Sie es auch drehen und wenden. Am Ende steht immer die irrationale Überzeugung: „Es muss mir ganz leicht fallen!" Es darf ganz einfach nicht weh tun! Mit Ausreden dieser Art entledigen Sie sich unauffällig Ihrer Selbstverantwortung und lassen Ihre ach so wichtigen Ziele in einer Staubwolke der Selbstaufgabe zurück. Anstrengung? Nein, danke. Erinnern Sie sich bitte an die Supermarkt-Metapher im Zusammenhang mit dem Dualen Denken. Solange Sie an der Überzeugung „Es *muss* mir leicht fallen!" festhalten, gehen Sie zwischen den leeren Regalen im Supermarkt Ihres Lebens einkaufen. Alles, was Sie dort erwerben können, sind Attrappen, billige Imitate Ihrer wirklichen Ziele. Im wirklichen Leben wird Ihnen selten etwas geschenkt. Auch im 1-Dollar-Shop gibt es nur Dinge zu kaufen, die einen Dollar wert sind.

Eines der Probleme an der Überzeugung „Es muss mir leicht fallen!" besteht im Anspruch der Allgemeingültigkeit, den das unscheinbare Wörtchen „müssen" stellt. Ellis spricht von „musturbation" (engl. must: müssen). Musturbation ist die ungeprüfte Annahme, dass bestimmte Dinge einfach so sein müssen. Und zwar entweder so, wie sie „halt sind, waren und immer sein werden", oder so, wie wir sie gerne hätten. Speziell die irrationale Überzeugung „Es *muss* mir ganz leicht fallen!" ist in unserer Gesellschaft so selbstverständlich geworden, dass sie nicht hinterfragt wird, geschweige denn bewusst artikuliert oder auch nur gedacht wird. Wie können Sie nun herausfinden, ob Sie betroffen sind? Ganz einfach. Betrachten Sie Ihre Vorhaben und stellen Sie ihnen Ihre Erfolge gegenüber. Je größer die Kluft, desto wahrscheinlicher ist es, dass auch Sie dem Glauben „Es *darf* nicht weh tun!" verfallen sind. Denn was sonst bitte hält Sie von der Verwirklichung Ihrer Träume ab?

Dem Menschen ist die Fähigkeit, Unlust zu ertragen, um dafür im Gegenzug später *noch mehr* Lust zu erhalten, weitgehend abhanden gekommen. Die Wissenschaft spricht von der Fähigkeit zum „Belohnungsaufschub". Hätten wir, die Autoren, nicht am eigenen Leibe erfahren, wie unglaublich profitabel dieses Tauschgeschäft ist, könnten Sie dieses Buch jetzt nicht lesen. Wahrscheinlich sind Sie sich gar nicht dessen bewusst, in wie vielen Fällen mangelnde Frustrationstoleranz die Wurzel dieser Probleme ist. Die drei wichtigsten Problemformen wollen wir hier kurz erläutern.

Fähigkeit zum Belohnungsaufschub

Mangelnde Frustrationstoleranz, ausgelöst durch den Aberglauben „Es muss mir leicht fallen!", führt zu …

- *Ungeduld:* Blicken Sie einmal in der Bank oder im Supermarkt in die Gesichter der Schlange stehenden Leute. Sie lernen das Fürchten.
- *Irrationalem Ärger/Aggressionen:* Ähnliches gilt für den Straßenverkehr. Da werden die wüstesten Schimpftiraden losgelassen, weil ein anderer gewagt hat, unsere Fahrspur zu kreuzen. (Wohlgemerkt, es gibt auch rationalen Ärger, z. B. bei Ungerechtigkeit oder Bedrohung. Davon zu unterscheiden ist irrationaler Ärger, der auf die Einstellung „Hoppla, jetzt komme ich!" zurückgeht.)
- *Gewalt:* Menschen werden gewalttätig, weil Sie Frustrationen nicht ertragen wollen. Sie glauben, das sei eine Demonstration ihrer Stärke. In Wirklichkeit zeigt es selten mehr als die Unfähigkeit, sich selbst zu kontrollieren und mit inneren Spannungen umzugehen. Menschen brechen Gesetze unter anderem deswegen, weil sie ihnen nicht gefallen. Menschen zerstören die Umwelt, weil sie auf nichts verzichten wollen.

Was schon für den Perfektionismus galt, gilt auch für die Überzeugung „Es *muss* mir leicht fallen!" Sie setzen Ihre Frustrationstoleranz auf den Wert null.

Wunschdenken ist unerwünscht

Natürlich kann es sein, dass Ihnen die neue Überzeugung „Es darf mir auch mal schwer fallen!" gefühlsmäßig wenig sympathisch ist. Das ist mehr als verständlich. Uns Autoren erging es früher nicht anders. Trotzdem sollten Sie den Fehler des magischen Wunschdenkens nicht länger begehen, den Christian Morgenstern in einem Aphorismus so treffend beschreibt: Wenn die Tatsachen nicht zu den Meinungen passen – umso schlimmer für die Tatsachen! Alle Logik und praktische Erfahrung wird ausgeschaltet, um den Tatsachen zu entkommen. Dazu ein Beispiel aus dem Bereich Teambildung: Praktisch jeder Teilnehmer, der eines unserer Teamtrainings besucht, kommt schon bald zu der Einsicht, dass ein Team ohne klare Führung, klare Arbeitsregeln, klare Verantwortungen und klare Ziele nur wenig effizient arbeiten kann.

Übung 15

Nehmen Sie sich zwei Minuten Zeit, um zu überlegen: Was unternehmen Sie alles, um Frust- und Unlustgefühle zu vermeiden? Kreuzen Sie die zutreffenden Aussagen an und finden Sie zusätzlich eigene Beispiele.

Ich rauche, um meine Nervosität zu bekämpfen.	
Ich trinke, um Probleme zu vergessen oder soziale Ängste zu überwinden.	
Ich schiebe auf, um Unlustgefühle zu vermeiden.	
Ich kaufe ein, um mich zu trösten.	

Ich greife zum Kaffee, um meine Müdigkeit nicht spüren zu müssen.

Ich arbeite, um der inneren Leere zu entkommen.

Ich esse, um meine Traurigkeit zu übertünchen.

Ihre Beispiele:

_____

_____

_____

_____

Auf welche Täuschungs-, Betäubungs- und Ablenkungsmanöver können Sie in Zukunft verzichten, wenn Sie sich ein bisschen Sportsgeist („Wollen wir doch mal sehen, was ich wirklich aushalte!") aneignen?

_____

Nun drehen Sie die Frage um. Um wie viel leichter wird Ihr Leben in Zukunft sein, wenn Sie die Überzeugung gewinnen: „Es muss mir nicht leicht fallen!"?

_____

Welche Träume werden Sie verwirklichen können, wenn Sie bereit sind, die fälligen Rechnungen an der Kasse des Lebens zu bezahlen? Wie sehr füllt sich Ihr Geldbeutel, wenn Sie ein bisschen Frustration gerne in Kauf nehmen?

In Übungen, die den Arbeitsalltag simulieren, sprechen die Tatsachen für sich. Trotzdem sind Regeln aller Art in unseren Breitengraden regelrecht verpönt. Warum? Weil es uns nicht „gefällt", Regeln zu haben, die möglicherweise unseren Handlungsspielraum einschränken könnten.

Es darf auch mal weh tun! In unseren Seminaren können wir immer wieder miterleben, welche Energien durch die neu gewonnene Überzeugung „Es darf ruhig auch mal weh tun!" bei unseren Teilnehmern freigesetzt werden. Grenzen, die Sie sich in Ihrer Persönlichkeit früher selbst auferlegt haben, verschwinden. Unüberwindlich erscheinende Hürden werden zu Kinderspielzeug. Nehmen auch Sie einen Paradigmenwechsel vor, und Sie werden den grundlegenden Wandel in Ihrem gesamten Leben beobachten.

> **Ohne Anstrengung und ohne Bereitschaft, Schmerz und Angst zu durchleben, kann niemand wachsen.**
> **(Erich Fromm)**

Awfulizing ist ein Gesellschaftsspiel Ein weiterer gangbarer Weg besteht nun darin, an Glaubenssätzen wie „Ich kann nicht!" oder „Es ist zu schwierig!" anzusetzen. Denn für einen Außenstehenden ist nicht zu übersehen, dass der Gedanke „Ich kann nicht!" wie eine selbsterfüllende Prophezeiung wirkt. Je mehr Sie sich beispielsweise einreden, ein Schmerz sei „unerträglich", die Langeweile „tödlich", die Angst „überwältigend" oder der Stress „zermürbend", desto schlimmer wird Ihre Situation. Die Gedanken sind die Brille, durch die wir unsere Welt wahrnehmen.

94

Albert Ellis nennt die Tendenz des Menschen, in Extremen zu denken, „Awfulizing" (engl. awful: schrecklich). Was hellgrau ist, wird weiß, was dunkelgrau ist, wird schwarz.

Helmut: „Zur Jahrtausendwende wollte ich mit dem Rauchen aufhören. Gemeinsam mit zwei Freunden hatte ich eine Wette abgeschlossen. Wer rückfällig würde, muss die anderen ins teuerste Restaurant der Stadt einladen. Mit Champagner und allem Drum und Dran. Die Wette schlossen wir bereits im Sommer. Ab diesem Zeitpunkt war mir allein schon der Gedanke an Weihnachten unerträglich. Denn von da an würden es nur noch ein paar Tage bis Silvester sein. Das Schlimmste aber war die Aussicht, im neuen Jahr ohne Zigarette am Computer arbeiten zu müssen. Ich habe mir nicht einmal vorstellen können, dass Windows ohne Zigarette überhaupt hochfährt!"

„Awfulizing" bezeichnet also die Tendenz des Menschen,

- unangenehme Dinge als „unerträglich" oder
- schwierige Aufgaben als „unmöglich" hinzustellen.

Auf diese Weise werden

- lange Wartezeiten „unendlich"
- Versuchungen „unwiderstehlich"
- und Schmerzen „nicht auszuhalten".

Die maßlose Übertreibung des Schmerzes, der Angst, des Stresses liefert Ihnen das Alibi, nichts davon aushalten zu müssen. Wir empfehlen Ihnen, selbsterfüllende Prophezeiungen *für sich* statt gegen sich arbeiten zu lassen. Unsere bewährte Zauberformel lautet:

„Es soll dir nie das passieren, was du im Stande bist auszuhalten"
(Persien)

Ich will, ich kann und ich glaube daran!

Hinderliche durch hilfreiche Gedanken ersetzen Viele Menschen versuchen, der Unlust zu entrinnen, indem sie sich einreden „Es ist alles ganz leicht!". Die Gefahr eines solchen falsch verstandenen positiven Denkens ist, dass es Situationen gibt, in denen unser Unterbewusstsein sich nur noch schwer bis gar nicht überlisten lässt (sag niemals nie!). Laufen Sie einen Marathon bei über 30 °C im Schatten und Sie wissen, wovon wir sprechen. Irgendwo jenseits Kilometer 35 droht dann der Einbruch, weil die Autosuggestion „Es ist ganz leicht" vom Unterbewusstsein als Selbstbetrug entlarvt und zurückgewiesen wird: „Du willst mich wohl verkohlen? Es ist weiß Gott nicht leicht!" Was können Sie in solchen Situationen konkret für Ihr Durchhaltevermögen tun? Ersetzen Sie hinderliche Gedanken wie „Ich kann nicht mehr!" durch hilfreiche: „Es muss mir nicht leicht fallen, damit ich noch weiter kann!" Wenn Sie gegen Ihren Schmerz ankämpfen, haben Sie augenblicklich doppelten Stress am Hals: Ganz gleich, ob es sich um einen Marathon, eine Geburt oder eine wichtige Präsentation handelt – kämpfen Sie gegen den Stress an, und Sie haben es augenblicklich nicht mehr allein mit der Stressursache zu tun, sondern der Stress selbst wird zum Stressor. Wenn Sie versuchen, dem Stress zu entkommen, gleicht das dem Versuch, vor seinem eigenen Schatten davonzulaufen. [1] Auch das schaffen Sie nicht, solange Sie sich in der Sonne aufhalten.

Burnout umgehen Anhänger der Alltagstheorie des „Es darf nicht weh tun" mögen an dieser Stelle einwenden, gerade unsere Argumentation sei es, die viele Menschen auf direktem Weg zum Burnout führen könnte. Diese Ansicht entspringt einem Denken in Extremen. In Wahrheit kann Burnout auf zwei

---

[1] Für ausführliche Information lesen Sie bitte das Kapitel „Annehmen" in unserem Buch „Stress-Management"

Weisen entstehen. Entweder lautet die irrationale Überzeugung: „Koste es, was es wolle!" oder die Menschen, die auf dem besten, nein schlechtesten Weg zum Burnout sind, versuchen ebenfalls, dem Stress zu entgehen. Paradoxerweise tun sie dies, indem sie einen unglaublich beschwerlichen Weg auf sich nehmen. Zum Beispiel laufen nicht wenige „hilflose Helfer" vor der Erkenntnis davon, dass sie nicht die ganze Welt retten können. So mancher Workaholic versucht mit verbissener Arbeitswut der inneren Leere zu entgehen. Und wieder andere arbeiten lieber bis zum Umfallen, als sich der Angst vor dem Versagen zu stellen.

Wir vertreten hingegen die Ansicht, dass unser aller Leben ruhig so leicht wie *möglich* sein darf. Doch irgendwo ist ein Punkt erreicht, an dem es eben nicht mehr nennenswert leichter wird. Ein Punkt, an dem es vernünftiger ist, den fälligen Preis zu zahlen, statt seine Handlungen bis zum Sankt-Nimmerleins-Tag zu vertagen. „Leiden" sollte nach Möglichkeit einen Sinn machen. Leiden um des Leidens willen erscheint uns wenig erstrebenswert. Unser Hauptargument in diesem Zusammenhang ist allerdings: In Summe ist es um ein Vielfaches anstrengender, sein Leben lang vor möglichen Frustrationen davon zu laufen, als sich den vergleichsweise wenigen unvermeidlichen Frustrationen zu stellen. Wie so oft im Leben gilt auch hier der Grundsatz, die richtige Balance zu finden.

Die richtige Balance finden

Juliane: Als Psychologin war mir klar, dass ich Stress besser nicht bekämpfe, sondern vielmehr versuchen sollte, aus ihm zu lernen. Dennoch ist mir das nur bis zu einem gewissen Punkt gelungen. Als ich begriff, dass meine unbewusste Überzeugung „Es darf nicht weh tun" dahinter steckte, überkam mich eine richtige Euphorie! Plötzlich hatte ich die Zuversicht, meine stets aufgeschobenen Ziele erreichen zu können. Ich musste nur den Preis zahlen. Und durch den Satz „Es darf

Frustrationstoleranz – Ihr emotionaler Muskel

ruhig auch mal weh tun!" fühlte ich mich mit einem Male
als Millionärin. Ich spürte: Ab heute lasse ich mich nicht
mehr durch kleine Widrigkeiten aufhalten.

Übung 16: Flaggenwechsel

Schließen Sie die Augen. Stellen Sie sich eine Flagge vor, die im
Wind weht. Sie trägt als Aufschrift die irrationale Überzeugung:
„Es muss mir ganz leicht fallen!" Sie können deutlich erkennen,
dass diese Flagge reichlich mitgenommen aussieht. Die Farben
sind verblasst, und an einigen Stellen weist die Flagge große
Löcher auf. Sie war dem rauen Klima nicht gewachsen und
wurde von den Stürmen zerfetzt.

Stellen Sie sich nun vor, wie Sie diese alte Fahne einholen und
Sie eine neue Flagge mit Ihrem neuen Lebensmotto „Es darf
weh tun!" hissen. Die Windböen sind deswegen nicht weniger
stark. Sie ziehen und zerren an Ihrer Flagge, aber letzten Endes
können sie ihr nichts anhaben. Ihre Flagge weht jetzt stolz im
Wind. Es ist Ihre Siegerflagge!

Anmerkung: Diese Übung lässt sich auch auf alle übrigen irrationalen Glaubenssätze hervorragend anwenden.

Wohlgemerkt: Die Aufschrift der Siegerflagge lautet weder
„Es *soll* weh tun!" noch „Es *muss* weh tun!", sondern „Es
darf weh tun!" Durch letztere Überzeugung wird sich Ihr
Leben zum Besseren wenden. Im Leben der Autoren be-
deutete sie einen enormen Schritt in Richtung persönlichen
Glücks. Das Leben muss uns und Ihnen nicht immer wie
eine Kinderparty im Disneyland erscheinen. Wenn Sie das
erst einmal verinnerlicht haben, ist das Leben nur noch
halb so schwer. Unsere Botschaft besteht demgemäß aus
zwei Teilen:

> So leicht wie möglich, so schwierig wie nötig.

Praxistipps: Frustrationstoleranz

▨ Identifizieren Sie „positive Frustrationen". Positive Frustrationen zeichnen sich dadurch aus, dass sie einem Ziel dienen. Sie sind nicht sinnlos, sondern zahlen sich langfristig aus.
Positive Frustrationen erkennen

▨ Sehen Sie Frustrationstoleranz als Ihren „emotionalen Muskel" an, der Sie trägt und Ihnen helfen wird, Ihre Träume zu verwirklichen. Dieser Muskel wird auf dieselbe Weise gestärkt wie jeder andere Muskel auch: durch Aufbautraining. Frustrationstoleranz erwerben Sie durch die bewusste Konfrontation mit Frustration. Es ist wie mit der Angst, in den dunklen Keller zu gehen. Sie lässt sich nur besiegen, indem Sie einfach hinuntergehen.

Denk- und Handlungsstrategien

Sie sind nun darauf eingestellt, dass nicht jeder Weg zu Ihrem Ziel ein angenehmer Spaziergang sein muss. Doch natürlich möchten wir Ihnen schon auch zeigen, wie er so leicht wie möglich für Sie wird.

> Es ist nicht genug, zu wissen, man muss es auch anwenden; es ist nicht genug, zu wollen, man muss es auch tun.
> (Goethe)

Der halbherzige Anfang

Das sogenannte „Stimmungsparadigma" ist eine der wichtigsten Ursachen für mangelnde Selbstdisziplin im Allge-
Das verführerische Stimmungsparadigma

99

meinen und Aufschieberitis im Speziellen. Wer ihm verfallen ist, der ist der Ansicht, er müsse in der richtigen Stimmung sein, um eine Aufgabe beginnen und bewältigen zu können. Wir nennen das leger die „Null-Bock-Theorie".

Natürlich ist auch die Überzeugung „Ich *muss* in der richtigen Stimmung sein!" die kleine Schwester der Überzeugung „Es *muss* mir leicht fallen!". Wir wollen sie näher betrachten, weil wir ihr besonders oft begegnen, und unsere Erfahrung ist die, dass es den meisten Menschen schwer fällt, die verschiedenen Masken der Überzeugung „Es muss mir leicht fallen!" zu erkennen.

Überlegungen machen überlegen Es ist nichts dagegen einzuwenden, den Zeitpunkt für eine Aktivität überlegt zu wählen, weil das auch überlegen machen kann, und dabei mit seinen eigenen Energien hauszuhalten. Kritisch wird es, wenn dieses Warten zum System und zum Glaubenssatz auf dem Banner der Bequemlichkeit geworden ist: „Ich *muss* in der richtigen Stimmung sein, um meine Reisekostenabrechnung zu machen." Die fatale Wirkung geht von dem unscheinbaren Wörtchen „muss" aus. Ist es nicht vielmehr richtig, dass eine gute Stimmung *hilfreich* ist?

Übung 17: Das Stimmungsparadigma

Wie oft kommt es vor, dass Sie in der Stimmung sind, Ihre Steuererklärung zu machen? Wann haben Sie das letzte Mal zu sich gesagt: „Heute habe ich so richtig Lust, unserem Großkunden XY zu eröffnen, dass wir nicht rechtzeitig liefern können?" Ist es jemals vorgekommen, dass Sie sich gedacht haben: „Ich freue mich schon darauf, heute Nacht aufzustehen und unser Baby zu beruhigen?" Oder: „Heute ist zwar schönes Wetter, aber ich bringe lieber den Wagen zur Inspektion?"
Welche Erkenntnis ziehen Sie für sich?

Aber von einer notwendigen Voraussetzung für gutes Gelingen kann wohl keine Rede sein. Wenn Sie stets warten, bis Sie in der richtigen Stimmung sind, landen wohl viele Ihrer Vorhaben im Treibsand des Unerledigten.

Keine Frage: Angenommen, Ihr Beruf bereitet Ihnen seit Jahren keinen Spaß mehr, Sie fühlen sich ausgebrannt und leer und Sie freuen sich nur noch auf die Kaffeepausen – dann haben Sie allen Grund, in Erwägung zu ziehen, sich eine neue Stelle zu suchen. Uns geht es hier jedoch um etwas ganz anderes. Jetzt kommt es darauf an, im Sinne des Dualen Denkens nun auch dual zu *handeln!* Das heißt, die unangenehmen Dinge, die im langen Schatten Ihrer Ziele ihrer Erledigung harren, mit dem nötigen Elan anzugehen. Und da ist es entscheidend, den Stein ins Rollen zu bringen – ohne großes „Aufheben" sozusagen.

Bringen Sie den Stein ins Rollen

Denken Sie an Ihr Auto: Es benötigt die Energie der Batterie nur zum Starten des Wagens. Sobald der Motor einmal läuft, wird die Batterie über die Lichtmaschine mit Strom versorgt. Genauso ist es mit den meisten unangenehmen Tätigkeiten. Einmal begonnen, ziehen Sie aus der Tätigkeit selbst genügend Energie, um nicht wieder vorzeitig damit aufzuhören. Entscheidend ist der Anfang, die „Initialzündung".

Die Initialzündung

> Wer begonnen hat, der hat schon halb vollendet!
> (Horaz)

101

Übung 18: Die Papier-Barriere

Es ist wichtig, sich darüber bewusst zu sein, dass der Anfang häufig das Schwierigste ist. Auf der anderen Seite sollten wir aus dem Beginn keine übermäßig große Sache machen. Je ausgiebiger wir darüber nachdenken, wie kompliziert und nervenaufreibend der Einstieg ist, desto komplizierter und nervenaufreibender wird er sich auch gestalten. Aus diesem Grund empfiehlt Frank J. Bruno, sich an die Vorstellung zu gewöhnen, dass aller Anfang so leicht ist wie das Durchstoßen eines Stücks Papier mit dem Zeigefinger. Wenn Sie gerade einen Bogen (DIN A4) zur Hand haben sollten und jemand in Ihrer Nähe ist, der Ihnen behilflich sein kann, probieren Sie es gleich aus. Bitten Sie die Person, das Papier an beiden Seiten sehr gut festzuhalten. Wenn Sie dann zur Tat schreiben,

- denken Sie in dem Augenblick, wo Sie das Blatt durchstoßen, an eine Aufgabe, die Sie schon seit geraumer Zeit vor sich herschieben.
- wiederholen Sie diese Übung mindestens zwei weitere Male.

Das Inspirationsparadigma inspiriert zum Nichtstun

Bei den kleinen Unannehmlichkeiten des Lebens und bei vermeintlich „anstrengenden" Routinetätigkeiten wie Garten- oder Hausarbeiten berufen wir uns gerne auf das Stimmungsparadigma. Wie sieht es bei Projekten aus, die komplexe Planungs- und Organisationsaufgaben erfordern? Hier taucht eine Spielart des Stimmungsparadigmas auf, und zwar das „Inspirationsparadigma": „Heute fühle ich mich so unkreativ. Mir fällt bestimmt nichts Brauchbares ein." Dieser Vorwand wird auch gerne für Aufgaben eingesetzt, die Ideenreichtum und Kreativität erfordern. Es ist unbestritten, dass es Tage gibt, wo uns die Muse küsst. Beispielsweise ist uns als Autoren mehr als die Hälfte aller in einem Buch enthaltenen Cartoons im Verlauf eines Halbtages eingefallen. Und an anderen Tagen erscheint uns unser Gehirn so leer wie ein ausgeblasenes

Osterei. Doch genau das macht den Unterschied zwischen einem Amateur und einem Profi aus. Viele große Künstler zum Beispiel besitzen die Fähigkeit, sich hinzusetzen und einfach mit der Arbeit zu beginnen. Sie haben die Erfahrung gemacht, dass auch die scheinbar inspirationslose Zeit produktiv sein kann.

Michael: Ich bin Werbetexter und habe lange Zeit in einem Werbebüro meine Brötchen verdient. Dann habe ich mich selbstständig gemacht. Die ersten Jahre waren hart. Mir blieb gar nichts anderes übrig, als mich auf meinem Hosenboden zu setzen und zu arbeiten, auch wenn ich mich nicht inspiriert fühlte. Und siehe da – „Unverhofft kommt oft" –, irgendwann stiegen die Ideen wie kleine Luftblasen aus meinem Unterbewusstsein auf. Durch diese Erfahrung habe ich mich nicht gescheut, einen 48-Stunden-Service für Werbetexte aufzumachen! Immer mehr Firmen beschließen über Nacht, eine Werbekampagne zu starten. Das macht heute meine einzigartige Verkaufsposition aus.

Der Amateur verkündet, dass Kreativität sich nicht auf Knopfdruck einstellt. Dies dient ihm als Vorwand, sich frisch-fröhlich amüsanteren Dingen zuzuwenden. Der Profi weiß, dass es sich bei diesem Vorwand um eine der vielen Halbwahrheiten unter dieser Sonne handelt. Richtig ist, dass sich Kreativität nicht erzwingen lässt: „Mir muss auf der Stelle etwas Phänomenales einfallen!" bedeutet, dass die Konzentration nicht auf den Prozess gerichtet ist, sondern rein auf das Ergebnis. Menschen, die Ideen erzwingen wollen, beschäftigen sich nicht mit der Sache, sondern vornehmlich mit der Situation vor der Ideenflaute aufgrund mentaler Windstille („Was mach ich bloß, wenn mir bis Dienstag kein neues Vertriebskonzept einfällt?"). Oder mit ihrem Ärger: „Wenn ich nur wüsste, wo der Fehler steckt. Mit diesem Konzept ist es wirklich

Einsatz- und prozessorientiert denken

103

wie verhext!" Wie sollen solche Gedanken zu Kreativität führen? Deswegen propagieren wir „Einsatz- und Prozessorientierung" anstelle von „Ergebnisorientierung". Das große Missverständnis dabei ist, dass ergebnisorientierte Menschen eine *Garantie* verlangen. Aber eine Garantie dafür, dass sich der persönliche Einsatz auszahlt, gibt es nicht. Dafür aber Chancen in Hülle und Fülle. Einer der gravierendsten Unterschiede zwischen erfolgreichen und weniger erfolgreichen Menschen besteht darin, dass Erfolgreiche durch entsprechendes Sitzfleisch ihre Fifty-fifty-Chancen konsequent nutzen.

Erfolg ist zu 10 Prozent Inspiration und zu 90 Prozent Transpiration. (Albert Einstein)

Der Aber-aber-Satz

Ausreden, um Frustration nicht ertragen zu müssen, lassen sich leicht entlarven. Ausreden werden dann gerne in Aber-Sätze verwandelt. Es wäre nun zu viel verlangt, wenn Sie sich vornähmen, „nie wieder" eine Ausrede zu benutzen. Was Sie aber mit Sicherheit tun können, ist, an die vermeintliche Ausrede noch ein Aber anzuhängen, das Ausgleich schafft. Auf diese Weise wird aus dem Aber-Satz „Ich sollte das unbedingt heute noch erledigen, aber ich habe überhaupt keine Lust dazu!" der Aber-aber-Satz: „Ich sollte das unbedingt heute noch erledigen, aber ich habe überhaupt keine Lust dazu, ABER wer sagt eigentlich, dass ich große Lust haben muss? Ich fange jetzt trotzdem auf Verdacht an."

Aber-aber-Sätze verwenden nicht nur Schwiegermütter Der Aber-aber-Satz hat den immensen Vorteil, dass Sie sich nicht selbst den Mund verbieten müssen. Verschwenden Sie keine Energie mit Selbstanschuldigungen dahingehend, dass Sie sich schon wieder einer Ausrede bedient haben. Nein! Hängen Sie ganz unspektakulär ein zweites Aber an. Sie brauchen sich durch den Aber-aber-Satz auch nichts vorzumachen. Sie müssen sich nicht einreden, eine lästige Routinearbeit sei Ihre Lieblingsbeschäftigung, Sie seien nicht müde oder dass es nicht angenehmer wäre, jetzt eine Pause einzulegen.

Übung 19: Aber-aber-Sätze

1. Identifizieren Sie im ersten Schritt drei Ihrer liebsten Aber-Sätze (Ausreden), wie etwa: „Aber ich habe keine Zeit" oder „Aber ich habe noch so viel Zeit". Tragen Sie diese Ausreden in die linke Spalte der Tabelle ein.
2. Fragen Sie sich, welche irrationalen Überzeugungen sich hinter diesen Aber-Sätzen verbergen mögen.
3. Ersetzen Sie Ihre drei Aber-Sätze durch neue, hilfreiche Aber-aber-Sätze.

Um Ihnen die Aufgabe zu erleichtern, finden Sie fünf Beispiele in den ersten Zeilen aufgelistet. Sollte Ihnen zu Schritt 2 einmal nichts einfallen, absolvieren Sie bitte dennoch Schritt 3.

Aber-Satz	Irrationale Überzeugung	Aber-aber-Satz
… aber ich bin nicht in der Stimmung.	Um arbeiten zu können, muss ich in der richtigen Verfassung sein.	… aber ich werde mich trotzdem hinsetzen, denn die große Inspiration kommt vielleicht nie.

… aber ich bin nicht gut genug vorbereitet.	Um arbeiten zu können, müssen alle Rahmenbedingungen ideal sein.	… aber es gibt sicher mindestens eine Kleinigkeit, mit der ich trotzdem gleich jetzt beginnen kann.
… aber es lohnt sich nicht mehr anzufangen.	Um arbeiten zu können, muss ich viel Zeit an einem Stück haben.	… aber ich kann mir Unterlagen einmal anschauen und mich in die Angelegenheit eindenken.
… aber ich bin sooo müde. Ich muss eine Pause machen.	Wenn ich noch zehn Minuten arbeite, bekomme ich Hirnsausen.	… aber in einer halben Stunde habe ich diesen Teilschritt erledigt. Dann habe ich mir eine längere Pause redlich verdient.
… aber das wird sowieso nichts.	Um arbeiten zu können, brauche ich eine Garantie, dass es Ergebnisse gibt (oder diese gar perfekt sind!)	… aber ich fange einfach mal an. Vielleicht ergibt sich ja eine Möglichkeit, wie ich das Problem lösen kann.
Ihre Beispiele:		

Selbststarter „Eigentlich"

Welchem höheren Ziel dient Selbstdisziplin? Nach unserem Verständnis soll sie Ihnen ermöglichen, die Lücke zu schließen zwischen dem Verhalten, das Sie gerne zeigen wollen, und dem Verhalten, das Sie tatsächlich an den Tag legen. Erinnern Sie sich an die Einleitung dieses Buches. Dort haben wir festgestellt: „Selbstdisziplin macht glücklich!" Sie verleiht Ihnen Identität. Sie können die Person werden, die Sie in Wirklichkeit sein wollen. Woran aber erkennen Sie nun die Lücke? Die Antwort lautet: am Selbststarter „Eigentlich". Erlauben Sie uns, dass wir zur Erklärung dieser Technik etwas weiter ausholen und Sie Ihnen anhand eines verbreiteten Phänomens, der Unpünktlichkeit, erläutern.

Die Handlungslücke schließen

So paradox es klingen mag: In Gesprächen mit unseren Seminarteilnehmern haben wir immer wieder festgestellt, dass Unpünktlichkeit durch das Bedürfnis entsteht,

Unpünktlichkeit ist kein Ziel

1. keine Zeit zu verschwenden und deswegen
2. exakt pünktlich, das heißt, *nicht eine Minute zu früh* zu kommen!

Doch unglücklicherweise begegnet dem Unpünktlichen mit schöner Regelmäßigkeit die große Unbekannte des Unerwarteten. Auch hier zeigt sich die Tendenz zur Realitätsverleugnung. Er weiß aus Erfahrung, dass ihm in der Vergangenheit sehr oft „etwas dazwischengekommen" ist.

Hinter dem Hang zur Unpünktlichkeit verstecken sich außerdem einer oder sogar mehrere der folgenden psychologischen Faktoren:

■ die Überzeugung, dass die eigene Zeit wichtiger ist als die anderer Menschen (es fällt uns natürlich schwer, uns das einzugestehen). Ob Absicht oder nicht, es ist eine Tatsache, dass der Unpünktliche statt der eigenen Zeit lieber die Zeit anderer verschwendet.

■ die Befürchtung, mit der eigenen Arbeit nicht fertig zu werden.

■ die Angst, bei anderen in Ungnade zu fallen. Man fürchtet, durch ein Nein als unkollegial oder nicht hilfsbereit zu gelten.

Albert: „Jahrelang kam ich wie die Eisenbahn verlässlich zu spät. Ich habe mich immer bemüht, pünktlich zu sein. Mein Problem ergab sich daraus, dass ich viel telefoniere und mit anderen im Team arbeite. Vor Terminen muss ich mich meistens irgendwo losreißen. Aber das habe ich nicht geschafft. Bis mir eines Tages plötzlich eine Frage in den Sinn kam: ‚Ist es nicht letztlich so, dass du dich mit deinem dauernden Zuspätkommen viel unbeliebter machst, als es der Fall wäre, wenn du rechtzeitig die Gespräche beenden würdest – dafür hättest du immerhin eine gute Begründung. Demgegenüber bleiben dir für das Zuspätkommen nur Ausflüchte.'"

Machen Sie sich daher klar: Jeder Mensch hat 24 Stunden Zeit am Tag, für jeden hat die Woche sieben Tage und so weiter. Wenn andere Menschen pünktlich sein können, dann können Sie es auch.

Die innere Stimme der Weisheit Aus Umfragen unter unseren Seminarteilnehmern und Klienten wissen wir, dass praktisch jeder Unpünktliche über eine gut funktionierende innere Uhr verfügt und er im Grunde sehr genau weiß, wann es an der Zeit für ihn wäre, aufzubrechen. *„Eigentlich* solltest du jetzt losgehen!", rät ihm eine innere Stimme. Das Fatale ist, dass der Unpünktliche diese Stimme – wir wollen Sie die Stimme der „inneren Weisheit" nennen – schlicht ignoriert. Er arbeitet weiter an seinem Projekt und bricht erst in letzter Minute überstürzt auf.

Daran lässt sich erkennen, dass nicht nur aller Anfang schwer ist, sondern dasselbe mitunter für das Beenden einer Tätigkeit gilt.

Praxistipps: Pünktlichkeit
Eines bleibt unbestritten: Es ist kaum machbar, *immer* pünktlich zu sein. Was Sie aber tun können, ist,

- ein wenig Zusatzzeit einzukalkulieren.
- Schnellgang-Arbeiten mitzunehmen, zum Beispiel Ihren Timer oder Fachlektüre, die Sie während der Zeit, in der Sie am verabredeten Ort vielleicht warten müssen, rasch erledigen. Damit begegnen Sie der Angst, Zeit ungenutzt verstreichen zu lassen. Machen Sie sich kurz Gedanken, welche Arbeiten das sind. Hier bieten sich insbesondere planerische Tätigkeiten an. Auch ein persönlicher Qualitäts-Check Ihrer Arbeitsergebnisse ist jederzeit durchführbar (siehe 5-Finger-Check).
- die wahren Ursachen für Ihr Zuspätkommen herauszufinden. Eignen Sie sich ein realistisches Zeitgefühl an, indem Sie beispielsweise für eine Weile beobachten, welche Wegzeiten Sie durchschnittlich einzurechnen haben.

Wenn Sie in Zukunft pünktlich sein beziehungsweise nicht abgehetzt und mit Angstschweiß auf der Stirn zu Ihren Terminen erscheinen wollen, machen Sie es sich zur Gewohnheit, auf dieses „Eigentlich" als Warnsignal zu hören. Entscheidend dabei ist, dass Sie beginnen, innezuhalten. Jedes „Eigentlich" wird dann für Sie zum inneren Stoppschild. Es tritt automatisch eines der Hauptprinzipien des TATEN-Programms® in Kraft: „Erst denken, nicht handeln." Ihrer Impulsivität wirken Sie auf diesem Wege entgegen und schaffen so eine der wesentlichen Voraussetzungen für erfolgreiche Selbstdisziplin.

„Eigentlich" als Stoppschild

Das Problem des Aufschiebenden ist jedoch nicht nur seine Impulsivität, sondern ebenso seine Passivität. Er kann sich nur schwer zum Beginnen oder Beenden einer Aufgabe durchringen. Denn beides würde ein aktives Eingreifen seinerseits und damit Energieaufwand erfordern. Da aber alles ganz leicht gehen muss, wird das Wörtchen „Eigentlich" übergangen.

> **Wille gründet sich auf innere Aktivität; ein spontaner Impuls hingegen auf Passivität.** (Erich Fromm)

Der innere Schweinehund

Es wäre zu schön, wenn es nur die Stimme der inneren Weisheit wäre, die sich mit „Eigentlich" zu Wort meldet. Leider bedient sich der innere Schweinehund derselben Ausdrucksweise, beispielsweise: *„Eigentlich* habe ich heute überhaupt keine Lust, meine Projektpräsentation vorzubereiten" oder *„Eigentlich* habe ich ja noch jede Menge Zeit, Frau Mustermann zurückzurufen." Nun eröffnet sich zwangsläufig die Frage, wie Sie am besten mit dem Schweinehund umgehen und ihn austricksen können. Die beiden Kardinalfehler im Umgang mit dem inneren Schweinehund sind:

1. Gegen den inneren Schweinehund anzukämpfen. Damit spielen Sie ihm nur in die Hände. Der Schweinehund beginnt dann, immer lauter zu kläffen, weil er fürchtet, nicht angehört zu werden. Das Gleiche passiert, wenn Sie versuchen sollten, den inneren Schweinehund zu ignorieren.

2. Sie halten an dem Satz „Es muss mir ganz leicht fallen!" fest. Dadurch treten Sie Ihre Funktion als Leiter Ihres inneren Teams, das viele verschiedene Stimmen umfasst, an den Schweinehund ab. Sie verleihen dem Drückeber-

110

ger die Macht, durch sein Veto „Es ist nicht leicht!" nach
Belieben Ihre Lebensprojekte lahm zu legen.

In einem echten Team gibt es keine Außenseiter. Jeder
bringt seine besonderen Fähigkeiten ein. Welche gute Absicht verbirgt sich also hinter den Ausreden des Schweinehundes? Ganz einfach: Der Schweinehund möchte, dass es
Ihnen gut geht, indem Sie sich unnötige Mühsal ersparen!

**Lernen Sie, Ihren inneren Schweinehund zu schätzen
und er wird sich zu Ihrem Freund, dem „Energiesparer",
entwickeln.**

Machen Sie sich seine feine Spürnase für die Trüffeln des
Lebens zunutze, um leichtere Wege zu Ihrem Ziel zu finden.
Der Energiesparer führt Sie auf einem anderen Weg zum
Ziel. Er verwandelt sich erst dann zurück in den Schweine-
hund, wenn er Sie auf einen Weg leitet, der nicht mehr zu
Ihrem Ziel führt. Beispielsweise ist es keine energiesparende
Methode, körperliche Fitness zu erlangen, wenn Sie sich auf
Anraten des Schweinehundes ständig Ausnahmen von
Ihrem Ernährungsplan – aber bitte mit Sahne – gestatten.

Handlungsalternativen finden

Einen anderen, neuen Weg zu wählen, ist durchaus ver-
nünftig. Flexibilität erleichtert allen lebenden Organis-
men das Überleben. Selbstdisziplin darf also niemals in
Konsequenz um der Konsequenz willen ausarten („Jetzt
habe ich mir das vorgenommen, jetzt ziehe ich es auch
durch – koste es, was es wolle!"). Erinnern Sie sich an das
„Nutzen-Ziel". Welche *Interessen* stehen hinter Ihrem Vorhaben? Gibt es einen einfacheren Weg, diese Interessen zu
verwirklichen? Wenn dem so ist, dann wird Ihnen einer
besondere Dienste erweisen – der Energiesparer.

> Du sollst den inneren Schweinehund nicht bekämpfen, ihm aber auch nicht nachgeben.

Meldet sich also in Zukunft der Energiesparer zu Wort ("Das ist mir zu anstrengend!"), halten Sie ebenfalls wie vor einem inneren Stoppschild inne: "Danke für deinen Beitrag, lieber Energiesparer. Lass uns gemeinsam nach einem Weg suchen, meine Interessen auf einfacherem Weg zu verwirklichen." Legen Sie vorab eine Zeitspanne fest, wie lange Sie sich mit dem Einwand beschäftigen wollen. Entweder finden Sie eine Alternative oder nicht – dann läuft alles weiter nach Plan. Ihre innere Ampel schaltet automatisch auf Grün. Dann heißt es für Sie: "Der Worte sind genug gewechselt!" Handeln, nicht denken.

> Erst denken, nicht handeln – dann handeln, nicht denken!

… dann denken, nicht handeln – dann handeln, nicht denken – dann denken, … müsste dieser Satz im Grunde fortgesetzt werden. Auf diese Weise ergibt sich ein geschlossener Kreislauf.

Josef Kirschner spricht von einem "Ich 1" und einem "Ich 2". Ihr Ich 1 ist zuständig für die Planung, Strategie- und Entscheidungsfindung. Ich 2 hingegen kontrolliert Ihre Handlungen. Diese beiden Ichs sollten einander nicht behindern. Denn vor allem das Planungs-Ich mischt sich allzu gerne in die Angelegenheiten des Handlungs-Ichs ein und das verursacht Kopfsalat. Darum empfiehlt Kirschner, sich die beiden Ichs als Comic-Figuren vorzustellen: Jedes Ich hat eine Ampel vor sich. Von diesen beiden Ampeln kann immer nur eine auf Grün stehen. Das ergibt eine saubere Trennung zwischen Planung und Durchführung, von Denken und Handeln.

Praxistipp: Umgang mit dem Energiesparer

Es wird nicht immer zweckmäßig sein, bei jeder Bemerkung des Energiesparers Ihren Arbeitsfluss zu unterbrechen. Dennoch sollten Sie auf ein Innehalten, vor allem in der ersten Zeit, nicht verzichten, wobei entscheidend ist, dass Sie die Einwände des Energiesparers lediglich notieren. Denken Sie nicht länger über die Einwände nach. Erst zu einem späteren Zeitpunkt werten Sie die Aufzeichnungen aus. Ausschlaggebend ist, dass Sie sich ablenkende Gedanken notieren, statt danach zu handeln. Das wird Ihnen helfen, Ihre etwaige Impulsivität in geordnete Bahnen zu lenken und Ihr selbstkontrolliertes Handeln zu stärken.

Notieren, statt ablenken lassen

Selbststarter 3-2-1-Los!

In unseren erlebnis- und ergebnisorientierten Seminaren setzen wir unter anderem Outdoor-Übungen, also Übungen unter freiem Himmel, ein. Dazu gehören auch sogenannte „High Events", was bedeutet, dass Sie als Teilnehmer den sicheren Erdboden verlassen und sich in luftige Höhen von etwa fünf bis zehn Metern begeben. Da nicht wenige Menschen unter Höhenangst leiden, gehört dazu eine gehörige Portion Selbstüberwindung und Mut. Die Teilnehmer verlassen ihre persönliche „Komfortzone". Um Ihnen die Funktionsweise der Technik 3-2-1-Los! zu erläutern, lassen Sie uns den Ablauf eines „High Events" namens „Pole" näher beschreiben (Anmerkung: Alle Übungen basieren auf Freiwilligkeit).

Verlassen der persönlichen Kontrollzone

Vordringen in die Stretchzone Der Teilnehmer klettert einen etwa zehn Meter hohen Mast, an dem zu beiden Seiten Sprossen befestigt sind, empor. Wie hoch er dabei klettern möchte, bleibt ihm selbst überlassen. Er hat einzig und allein den Auftrag, seine „Komfortzone" zu verlassen und in seine „Stretchzone" vorzudringen. Es besteht nun die Chance – und die wird von vielen Teilnehmern genutzt – den Mast bis zur Spitze hinaufzuklettern. Auf der Spitze befindet sich eine tellergroße Plattform. Der weitere Ablauf sieht vor, diese Plattform zu erklimmen, sich langsam aufzurichten und sich anschließend um 180 Grad zu drehen. Die Übung endet mit dem Hinunterspringen von der Plattform. Das Springen ist obligatorisch. Egal, bis zu welchem Punkt ein Teilnehmer klettert – von dort wird er springen. (Damit die Übung nicht zu einem „einmaligen Erlebnis" wird, ist der Teilnehmer durch dynamische Kletterseile doppelt gesichert, die über Karabiner an seinem Ganzkörpergurt befestigt sind. Die Seile werden von den übrigen Teilnehmern gehalten. Alle Teile des Sicherheitssystems sind doppelt vorhanden, so dass der Sicherheitsstandard des „zero accident" gewährleistet ist.)

Was vermuten Sie, ist der schwierigste Teil dieser Übung? Die meisten sind geneigt zu glauben: das Hinunterspringen. Mitnichten! Nahezu jeder Teilnehmer ist zu dem Zeitpunkt, da es ans Springen geht, bereits so glücklich, den Aufstieg geschafft zu haben, dass er mit Freude springt. Es hat sich erwiesen, dass die größte Herausforderung vielmehr darin liegt, den zweiten Fuß auf die Plattform zu stellen. Denn wie es manchmal im Leben so ist, zeigen sich erst in der Praxis die eigentlichen Herausforderungen, und andere Dinge erweisen sich als überraschend unproblematisch.

Wie schafft es nun der Teilnehmer, seinen zweiten Fuß auf die Plattform zu bringen? Indem er sich vornimmt, ab einem bestimmten Moment nicht mehr nachzudenken, ob er sich traut oder nicht traut, sondern indem er es einfach tut. In Teamtrainings sind es seine Kollegen, die ihn anfeuern („Auf drei tust du's!"). Im Selbstdisziplin-Seminar ist Ihnen die Formel 3-2-1-Los! im vorhinein bekannt. Die wichtige Erkenntnis aus dieser Übung ist, dass es uns schwer fällt zu handeln, solange wir hin und her denken. Es muss einen Moment geben, ab dem wir unsere Gedanken voll auf das Handeln richten. „Handeln, nicht denken", lautet jetzt das Motto. Es genügt in vielen Fällen, nur für den Bruchteil einer Sekunde die ganze Konzentration auf die Handlungen zu legen. Wie war das bei Ihrem ersten Sprung vom Dreimeterbrett? Wie war das, als Sie zum ersten Mal Ihren Schwarm angesprochen haben? Als Sie beschlossen, einem Freund „reinen Wein" einzuschenken? Wie ist es heute noch, wenn Sie Ihren Chef um eine Gehaltserhöhung bitten? Wenn Sie ein aufgeschobenes Projekt endlich angehen?

Konzentration der Kräfte betreiben

In allen Fällen geht es um die Initialzündung, den „Kick off". Wie jeder andere Tritt dauert auch dieser keine Ewigkeit. Folgen Sie dem Prinzip der Konzentration der Kräfte, auf das wir im Kapitel „Neue Gewohnheiten festigen" ausführlich eingehen werden. Bündeln Sie durch das Brennglas der 3-2-1-Los!-Technik alle Ihre geistigen Kräfte auf den einen Moment. Um Ihre Kräfte auf diese Weise sammeln zu können, entschließen Sie sich – paradoxerweise –, für eine kurze Zeitspanne von einigen Minuten (oder auch nur Sekunden wie im Fall des High Events) *nicht zu handeln!* Erst dadurch staut sich Ihre Energie, um gleichsam das Fass zum Überlaufen zu bringen. Solange Sie hin und her denken („Soll ich? Soll ich nicht?"), hat Ihr Staudamm Löcher, durch die ständig

Energie entweicht. Durch die Entscheidung, für die Zeit des Zählens nicht zu handeln, werden diese Löcher gestopft. Ihre Kraft kann sich anstauen, um auf „Los!" mit geballter Kraft hervorzubrechen. Deswegen sprechen wir Autoren auch von der „Staudamm-Technik".

Vertrauen Sie Ihren Fähigkeiten

Dass es tatsächlich unsere Gedanken sind, durch die wir uns selbst im Wege stehen, ist leicht zu beweisen. In der Absicht, die Herausforderung zu steigern, beschlossen wir eines Tages, Fortgeschrittenen die Gelegenheit zu geben, die Übung Pole mit *verbundenen Augen* zu absolvieren. Doch wieder unten angekommen, berichteten diese Teilnehmer unabhängig voneinander: „Mit Augenbinde war die Übung wesentlich leichter! Wenn du nichts siehst, machst du dir über die Höhe auch keine Gedanken." Dennoch erfüllte diese Weiterentwicklung ihren Zweck. Denn alle Teilnehmer waren im *Vorfeld* davon überzeugt, dass es schwieriger sein würde, den Mast quasi blind hinauf zu klettern.

Was haben alle Beteiligten aus dieser Erfahrung gelernt? Dass es häufig sinnlos ist, darüber zu mutmaßen, wie viel Überwindung uns eine Aufgabe kosten wird. Es kommt darauf an, *es einfach zu tun,* obwohl es unangenehm ist.

> Er wusste nicht, dass es unmöglich war, also tat er es.
> (Jean Cocteau)

Die 3-2-1-Los!-Formel beziehungsweise das Prinzip des Energie-Staudamms wird übrigens auch erfolgreich beim Bungeejumping eingesetzt. Auch hier werden die Waghalsigen eingezählt. Die Technik selbst ist Ihnen sicher nicht neu. Aber neu kann für Sie sehr wohl deren bewusster Einsatz sein – und zwar in allen Situationen, in denen Sie an Ihre persönlichen Grenzen stoßen und sie überschreiten wollen. Sie hilft aber auch sehr gut bei den ganz alltäglichen Herausforderungen:

Klaus: Es fällt mir unheimlich schwer, morgens aus dem Bett zu kommen. Manchmal drücke ich so oft auf die Schlummertaste, dass eine halbe Stunde vergangen ist, bis ich endlich aufstehe. Dann bin ich wieder mal unter Zeitdruck, um nicht zu spät ins Büro zu kommen. Deswegen hat mir die 3-2-1-Los!-Formel sehr geholfen. Ich liege im Bett, und der Wecker läutet. Ich bleibe ganz bewusst liegen und genieße noch einmal für zehn Sekunden die Bettwärme. Dann räkle und strecke ich mich und zähle langsam, aber gleichmäßig von zehn rückwärts. Durch dieses einfache Ritual macht es mir weniger Probleme, auf „Los!" wirklich aufzustehen.

Praxistipps: 3-2-1-Los!

- Wie Sie sehen, kann das Herunterzählen erweitert werden. Jedoch nicht weiter als bis zehn, da die Technik sonst ihre Wirksamkeit verliert. Probieren Sie es selbst, und Sie werden sehen, wie circa ab der Zahl Zehn die Technik ihre Verbindlichkeit und Ernsthaftigkeit einbüßt.
- Auch darf die Zählrichtung keinesfalls umgedreht werden. Uns wurde schon von einer Seminarteilnehmerin berichtet, dass sie 1-2-3-Los! zählen wollte, doch plötzlich hörte Sie sich selbst fortfahren „4-5-6 …". Zählen Sie deshalb Richtung null. Niemand würde jedoch auf die Idee verfallen, mit „minus 1-minus 2- …" fortzufahren.
- Einen Einfluss kann auch das Sprechtempo ausüben. Achten Sie darauf, gefühlsmäßig das richtige Tempo zu wählen. Es soll genügend Zeit zu Verfügung sein, damit sich im Sinne des Staudamms Ihre Kräfte sammeln können. Sie selbst können am besten abschätzen, wie groß die Herausforderung der Aufgabe für Sie ist.

■ Die Technik des 3-2-1-Los! setzt eine bewusste Entscheidung voraus und ist daher nicht mit Impulsivität und Aktionismus zu verwechseln. Die Formel hilft, die eigenen
Grenzen zu überwinden. Sie setzt voraus, dass Sie sich vorher darüber Gedanken gemacht haben, ob es sinnvoll ist,
die jeweilige Denkgrenze zu überschreiten und damit zu
neuen Erfahrungen gelangen können.

Grübelarbeit

Grübeln führt zum Aufschieben Häufigen Anlass zu Aufschieberitis geben auch berufliche
und private Ängste. Diese Ängste beziehen sich insbeson-
dere auf mögliches Versagen, Fehlentscheidungen und
Unwägbarkeiten. Aufgeschoben wird, weil wir darüber
nachgrübeln, was bei diesem Projekt nicht alles schief gehen könnte. Darum glauben wir, uns immer *noch besser*
vorbereiten zu müssen oder lieber noch etwas auf den
richtigen Zeitpunkt zu warten. Besonders stark betroffen
von dieser Art des Aufschiebens ist der Grübler. Was
macht einen Grübler zum Grübler? Der Grübler hat ein
besonders ausgeprägtes Bedürfnis nach Sicherheit und
Kontrolle. Woran merken Sie, dass Sie unter einem über-
triebenen Sicherheitsbedürfnis leiden? Antwort: Sie erwarten in diesem Fall unbewusst eine Garantie dafür, dass
Ihre Entscheidungen im Nachhinein betrachtet richtig gewesen sein werden. Eine solche Garantie gibt es nicht –
zumindest nicht in dieser Welt. Wenn Sie sich von der
Überzeugung trennen „Es muss eine hundertprozentig
richtige Entscheidung sein!", werden Sie von heute an viel
Zeit sparen. Die endlose Informationssuche, das sinnlose
Grübeln („Was wäre, wenn …") entfällt.

Das Worst-case-Szenario Das Worst-case-Szenario ist ein altbewährtes Mittel, um
dem Grübeln und dem damit einhergehenden Aufschie-
ben ein Ende zu machen. Dabei malen Sie sich aus, was

Ihnen schlimmstenfalls widerfahren kann, wenn Sie diese Igitt-Aufgabe anpacken. In 99 Prozent der Fälle stellt sich heraus, dass selbst der (realistisch betrachtet) „größte anzunehmende Unfall" wenig spektakulär wäre und sich Ihr Super-GAU als Luftblase herausstellt. In diesem Licht erkennen Sie Ihre Angst als nicht gerechtfertigt.

Monika: In unserem Team schreibt man mir besonderes Fingerspitzengefühl im Umgang mit Menschen zu. Deshalb komme ich regelmäßig zum Handkuss, wenn jemand dem Kunden mitteilen muss, dass er mit Verzögerungen zu rechnen hat. Ich opfere mich also, schiebe aber das Telefonat oft bis zum letzten Moment hinaus. Neuerdings frage ich mich: „Wie wird der Kunde im schlimmsten Fall reagieren?" Er wird vielleicht unfreundlich sein oder ausfallend werden. Könnte sein, dass er mich persönlich angreifen wird. Könnte sein, dass wir ihn als Kunden verlieren. Daran ändere ich aber durch mein Aufschieben rein gar nichts. Im Gegenteil, er wird dann noch wütender sein. Mehr wird nicht passieren. Er wird nicht persönlich vorbeikommen und mich in Grund und Boden stampfen. „Wozu also die ganze Aufregung?", denke ich mir dann. Ich rufe einfach an: 3, 2, 1, los!

Im Umgang mit Ängsten gilt unverändert „Angriff ist die beste Verteidigung!" Wie schon an anderer Stelle erwähnt: Die Angst vor dem dunklen Keller verlieren Sie, indem Sie in den dunklen Keller hinabsteigen. Das Worst-case-Szenario sorgt dafür, dass Sie dem vielköpfigen Ungeheuer der unbewussten Katastrophenfantasien gefasst ins Auge schauen. Denn neben das unstillbare Verlangen nach Sicherheit tritt in vielen Fällen die fälschliche (unbewusste!) Annahme, das Leben sei mit einer Fehlentscheidung zu Ende. Sie halten dann förmlich den Atem an und wagen es nicht, weiter als bis zum großen Unglück zu denken.

Umgang mit Ängsten ist erlernbar

Kurt: Wochenlang schlug ich mich mit der Entscheidung herum, ob ich nun in die neue Wohnung, die man mir angeboten hatte, umziehen sollte. Mein Gefühl sagte „Nein", mein Verstand sagte „Ja". Bis eines Tages eine Freundin ganz nebenbei bemerkte: „Schlimmstenfalls ziehst du halt in einem Jahr wieder um." Da wurde mir klar, dass mein Leben wegen einer solchen, möglichen Fehlentscheidung nicht in Gefahr ist. Ich habe diese Wohnung nicht genommen. Doch ich hatte begriffen, dass ich bisher Entscheidungen zu endlosen Prozeduren hatte werden lassen. Ich habe dann sehr bald eine Wohnung gefunden, die meinen Vorstellungen zwar nicht hundertprozentig entsprach. Doch bin ich dort wesentlich glücklicher als je zuvor.

Es gibt garantiert keine Garantien Wenn dem Grübler niemand beweisen kann, dass seine Bemühungen auch von Erfolg gekrönt sein werden, lässt er sich auf nichts ein und schiebt „sicherheitshalber" auf. Sollten Sie zum Aufschiebertypus des Grüblers gehören, stehen Sie Veränderungen generell skeptisch gegenüber. Die gewohnte Situation bietet Ihnen da wesentlich mehr Sicherheit. Darum fällt der Grübler nur im Notfall Entscheidungen. Nach Möglichkeit bleibt alles beim Alten.

Der Grübler wird darüber hinaus von Selbstzweifeln verfolgt. Er vertraut seiner eigenen Urteilskraft wenig. Deswegen schiebt er verbindliche Entscheidungen auf oder revidiert beim kleinsten Anzeichen eines Problems nachträglich seine Entscheidung. Bei der Anwendung des Worst-case-Szenario empfiehlt es sich, einen deutlichen Trennstrich zwischen Fakten einerseits und Vermutungen andererseits zu ziehen. Wie im obigen Beispiel der Kunde reagieren wird, ist Spekulation – je nachdem, welche Vorerfahrungen gemacht wurden. Letzten Endes bleibt es eine Vermutung, die es zu überprüfen gilt (Was nicht heißen soll, mit Kunden zu „experimentierten". Der Punkt ist, dass Sie tun können, was Sie wirklich tun wollen.)

Mit der Frage nach dem Supergau, dem „größten anzu- **Vom Problemland** nehmenden Unfall", ist es allerdings noch nicht getan. **ins Lösungsland** Jetzt erst beginnt die eigentliche „Grübelarbeit". Durch den Begriff „Grübelarbeit" wollen wir deutlich machen, dass es wahrscheinlich zu viel verlangt wäre, von heute auf morgen mit dem Grübeln aufzuhören. Entscheidend ist vielmehr, dass Sie es nicht bei Ihren Sorgen bewenden lassen, sondern sich konstruktive Gedanken machen: „Was werde ich *tun*, sollte der schlimmste Fall tatsächlich eintreten?". Dass diese Form des lösungs- und zukunftsorientierten Nachdenkens dem reinen „Don't worry be happy" weit überlegen ist, das konnte sogar wissenschaftlich untermauert werden. Widerstandsfähige („resiliente") Menschen widmen sich regelmäßig der Grübelarbeit, während weniger widerstandsfähige Personen zur Vogel-Strauß-Taktik Zuflucht nehmen.

> **Verstehen kann man das Leben nur rückwärts, leben aber muss man es vorwärts.**
>
> **(Sören Kierkegaard)**

Jetzt-Formel

Was hält uns davon ab, ins Handeln zu kommen? Oftmals **„Tue, was du tust"** ist es die Angst vor unangenehmen Konsequenzen unse- **(Indien)** res Verhaltens. Wenn wir herausfinden, wie Angst entsteht, können wir lernen, diese Angst zu überwinden und unsere Ziele allen widrigen Umständen zum Trotz zu verwirklichen.

Hat ein Kleinkind Angst vor dem Überqueren einer
Straße? Nein. Weshalb nicht? Weil weder Mensch noch
Tier Angst haben können, solange ihnen nicht ein Min-
destmaß an Erfahrung vorliegt. Aber Erfahrung allein
macht noch lange keine Angst. Erst wenn Sie das Wissen
aus der Vergangenheit zur Vorhersage der Zukunft anwenden, kann Angst entstehen. Sie fürchten sich erst,
wenn Sie sich geistig in die Zukunft „beamen" und sich
vorstellen, wie negative Ereignisse Sie unangenehm beeinflussen werden. Die Vergangenheit wird dadurch zu einem Prolog für die Zukunft.

Phobien durch blühende Fantasie Doch müssen Ihnen die negativen Ereignisse nicht gänz-
lich bekannt sein. Es reicht, wenn Sie über Erfahrungen
aus *ähnlichen* Situationen verfügen. Sie müssen Ihre Hand
nicht auf *jede* heiße Herdplatte legen. Genauso können
Sie stellvertretende Erfahrungen machen, indem Sie andere beim Handeln beobachten. Wieder andere Erfahrungen machen Sie nur im Kopf – die meisten Phobien entstehen nachweislich nicht aufgrund schlechter Erfahrungen, sondern aufgrund einer blühenden Fantasie, was
nicht alles passieren könnte!

Der Sinn des Sammelns von Erfahrungen besteht in der
näherungsweisen Vorhersage der Zukunft. Doch wie oft
ist es andererseits vorgekommen, dass Sie sich vor einem
großen Ereignis unnötig gefürchtet haben? Hinterher
hieß es dann: „Es war alles halb so schlimm." Tatsächlich
haben wissenschaftliche Untersuchungen gezeigt, dass die
körperliche Stressreaktion bei der bloßen Vorstellung einer Belastungssituation in vielen Fällen stärker ist als in
der realen Situation selbst. Gerade die Ungewissheit wirkt
besonders nervenaufreibend. Denken Sie nur an die Angst
vor dem Tod. Deshalb haben wir dem Kapitel „Abwägen"
so viel Raum gegeben: Auch wenn wir niemals mit hun-

dertprozentiger Sicherheit voraussehen können, was die Zukunft bringen wird – Entscheidungen eliminieren zumindest die Unbekannte „Was werde *ich* tun?" aus der Gleichung. Ohne Entscheidungen wissen Sie weder, wohin Sie wollen, noch wohin es Sie treiben wird. Erst Entscheidungen ermöglichen Ihnen ein gezieltes Steuern.

Ob die von der Angst hervorgerufenen Vorstellungen nun sehr spezifisch oder vage sind – in jedem Fall beziehen sich die unheilvollen Gedanken auf negative Konsequenzen in der Zukunft. Angst entsteht durch die geistige Vorwegnahme unangenehmer Ereignisse und deren Konsequenzen! *Umgekehrt hat die Erfahrung gezeigt, dass es bei voller Konzentration auf das Hier und Jetzt keine Angst gibt!* Aus diesem Grund haben wir die Jetzt-Formel entwickelt. Ihr ganzes Geheimnis besteht darin, dass Sie Ihre Handlungen fortwährend gleich einem Sportkommentator beschreiben. Sie beobachten und handeln zugleich. Dadurch richten Sie Ihre Aufmerksamkeit vollkommen auf die Gegenwart. Angstvollen Gedanken an die Zukunft geben Sie durch das unablässige Kommentieren Ihrer Handlungen keinen Raum und immunisieren sich dadurch zusehends.

Konzentation auf die Gegenwart

Gewiss hat Angst durch ihre lebenserhaltende Funktion ihre Existenzberechtigung. Angst ist das Signal, das uns vor Gefahren schützen soll. Es gibt jedoch Situationen, in denen wir uns mit unserer Angst selbst im Wege stehen. Wir sind Pferd und Reiter in einer Person. Das Pferd scheut oftmals vor einer Hürde zurück, obwohl der Reiter weiß, dass er und sein Pferd das Hindernis meistern können und dies positive Konsequenzen haben wird. In solchen Situationen gilt es, sich in seinen Entscheidungen nicht von der Angst beraten zu lassen. Hier kann die Jetzt-Formel Wunder wirken, weil Sie angstvollen Gedanken an die Zukunft keinen Raum lässt.

Vorteile der Jetzt-Formel

Die Jetzt-Formel besitzt noch weitere Vorzüge. Waren Sie jemals Bergsteigen? Wenn ja, dann wissen Sie wahrscheinlich, wie frustrierend es ist, die ganze Zeit über zum Gipfel zu schauen. Viel schneller hingegen vergeht die Zeit, wenn Sie sich auf die einzelnen Schritte konzentrieren. Abgesehen davon ermöglicht die Konzentration auf den Weg den angenehmen Vorteil, die Natur und die eigenen Gefühle auch wirklich genießen zu können. Wer stets nur das Ziel vor Augen hat, wird auf dem Weg dorthin wenig Freude haben und vielleicht sogar enttäuscht sein, sobald er am Gipfel angekommen ist, denn plötzlich ist das Ziel verschwunden.

Die Jetzt-Formel führt mithin dazu, dass Sie das Gefühl für Zeit verlieren. Das kann Ihnen speziell bei wenig herausfordernden Tätigkeiten große Erleichterung verschaffen. Seminarteilnehmer und Klienten, die regelmäßig Joggen gehen, berichten, dass sie an manchen Tagen überhaupt keine Lust dazu verspüren. Aber seit sie Bekanntschaft mit der Jetzt-Formel gemacht haben, bestätigen sie uns immer wieder, dass es ihrer Ausdauer ungemein zugute kommt, wenn sie sich jeweils nur auf den jeweiligen Schritt konzentrieren (beziehungsweise in Mini-Etappen denken: „Jetzt laufe ich bis zur Brücke dort vorne, jetzt bis zur nächsten Abzweigung" etc.). Klar, dass man sich trotzdem seine Kräfte einteilen muss, sprich, eine Strategie für die *gesamte* Distanz im Hinterkopf hat. Vorsicht daher vor Entweder-oder-Denken. Doch die Unlust in Bezug auf das Laufen stammt weniger vom einzelnen Schritt, sondern vielmehr von den Gedanken daran, wie anstrengend die volle Distanz sein wird.

Zusammenfassend hier noch einmal der Nutzen, den die Jetzt-Formel für Sie parat hat:

- Mehr Genuss
- Dämpfen von Furcht/Angst
- Aufgehen in der Aufgabe, die Zeit vergeht rascher

Übung 20: Das unangenehme Telefonat

Welche Gespräche schieben Sie derzeit konkret vor sich her? Vielleicht haben Sie einen Freund, bei dem Sie sich schon lange nicht mehr gemeldet haben. Vielleicht sind Sie Überbringer einer schlechten Nachricht, müssen zum Beispiel eine gegebene Zusage revidieren. Oder es handelt sich um Personen, die Sie nicht gerne anrufen, weil das Telefonat „sich wieder ewig ziehen wird". Entscheiden Sie sich für einen Anruf – es braucht nicht gleich der Unangenehmste zu sein –, den Sie jetzt gleich tätigen werden. Gehen Sie folgendermaßen vor:

Jetzt nehme ich mein Telefonregister zur Hand.

Jetzt suche ich die Nummer heraus.

Jetzt hebe in den Hörer ab.

Jetzt höre ich das Freizeichen.

Jetzt tippe ich die Ziffer X ein, jetzt Ziffer Y, …

Jetzt lausche ich dem Läuten, 1. Läuten, 2. Läuten …

Jetzt meldet sich Herr/Frau Soundso.

Jetzt nenne ich meinen Namen.

…

Jetzt spreche in das unangenehme Thema an.

In kleinen Schritten denken

Die Technik „Denken in kleinen Schritten" steht in unmittelbarer Verwandtschaft zur Jetzt-Formel. Bei beiden Methoden ist das Ergebnis, dass Sie aufgrund der kurzfristigen Perspektive ihren Respekt vor unangenehmen Auf-

Weniger Respekt vor unangenehmen Aufgaben

gaben verlieren. Ein englisches Sprichwort besagt: „Life by the yard is very hard, life by the inch is a cinch (engl. cinch: Kinderspiel)." Wie bereits erwähnt, wer auf die Gegenwart konzentriert ist, kann keine Angst verspüren. Sie bezieht sich stets auf bevorstehende Ereignisse und deren Konsequenzen. Darüber hinaus ist das Denken in kleinen Schritten eine vortreffliche Planungshilfe. Es unterstützt prozessorientiertes Vorgehen: „Welche Schritte habe ich im Einzelnen zu setzen, um dieses Projekt erfolgreich abzuschließen?" Solche kurzfristigen Ziele erhöhen die Motivation, da sie mit Erfolgsaussichten verbunden sind.

Wie die Wissenschaft nachgewiesen hat, ist kurzfristiges Denken erst in Verbindung mit längerfristigen Zielen zweckdienlich. Denn es ist leicht nachzuvollziehen, dass eine ausschließliche Konzentration auf die Gegenwart ebenfalls leicht zu Aufschieberitis führen kann – wie die folgende Geschichte illustriert, die uns Jerry und Kristi Newcombe erzählen:

Ein Bauer ging aufs Feld, um sich um seine Rinder zu kümmern. Doch auf dem Weg dorthin bemerkte er ein Gatter, das dringend repariert werden musste. Diese Arbeit hatte er bereits so lange vor sich hergeschoben, dass das Gatter so verkommen war, dass jeder größere Sturm es davonblasen konnte. Also ging er zurück zum Schuppen neben seinem Haus, um sein Werkzeug zu holen. Im Schuppen angekommen, sah er sich gezwungen, sein Werkzeug zusammenzusammeln. Denn es lag noch vom letzten Mal, da er es benutzt hatte, wild verstreut herum. Als er sein Werkzeug sortiert hatte, fiel ihm auf, dass der Hammer fehlte. Er konnte sich dunkel daran erinnern, ihn im Haus zuletzt gesehen zu haben. Also ging er hinüber zum Haus. Auf dem Weg dorthin kam er an vier Mülltonnen vorbei. Da fiel ihm siedend heiß ein, dass heute ja die Müllabfuhr käme. Darum nahm er zwei Mülltonnen, um sie hinaus auf die Straße zu bringen. Aber als er am Briefkasten angelangt war, fiel ihm die Tageszeitung ins Auge. Insbesondere ein Artikel weckte sein Interesse. Also ging er ins Haus, um „nur für ein paar Minuten" zu lesen. „Nur diesen einen Artikel", sagte er sich …

Ohne die langfristige Perspektive verlieren wir unsere Prioritäten und unsere eigentlichen Ziele aus den Augen und landen leicht im Aktionismus und verdoppeln dann unsere Anstrengungen. Die Jetzt-Formel ist kein Allheilmittel. Sie erfüllt ihren Zweck, wenn es darum geht, Gefühle der Unlust, des Widerwillens zu besiegen. In Situationen, in denen Sie wissen, dass es nur diese Hürde zu überwinden gilt, damit Sie an Ihr langfristiges Ziel gelangen, setzen Sie gezielt die Jetzt-Formel ein. In anderen Fällen ist die allzu kurzfristige Perspektive möglicherweise nachteilig.

Jetzt-Formel lässt Sie Unlust besiegen

Zudem ist das Denken in kleinen Schritten perfekt mit dem Planen vereinbar. Überlegen Sie im Vorfeld, wie Sie Ihr Ziel in Minischritte zerlegen können. Auf diese Weise schlagen Sie zwei Fliegen mit einer Klappe. Erstens fühlen Sie sich von einem hochgesteckten Ziel („Steigern Sie den Jahresumsatz um zwanzig Prozent") längst nicht so überwältigt, und zweitens ermöglicht es Ihnen eine realistische Planung. Ein bekanntes Sprichwort besagt:

> **Auch eine Reise von 1000 Meilen beginnt mit einem ersten Schritt.**
>
> **(China)**

Übung 21: Die Initialzündung

Falls Sie gerade zu Hause sind, stehen Sie bitte auf, und machen Sie einen Spaziergang durch Ihre Wohnung (Ihr Büro eignet sich für diese Übung mindestens ebenso gut). Sollten Sie derzeit im Urlaub sein, im Café sitzen oder Ähnliches, absolvieren Sie diesen Spaziergang in Gedanken. Gehen Sie die Zimmer eines nach dem anderen durch. Welche Gegenstände sind mit Tätigkeiten verbunden, die Sie nur höchst ungern erledigen? Treten Sie zu dem ersten Gegenstand hin und machen Sie nur (!) den ersten Schritt, den Sie zur Erledigung der Aufgabe auszuführen haben.

Beispiele:
Angenommen, Ihnen missfällt das Einräumen des Geschirrspülers, so tun Sie nichts weiter, als die Tür des Geschirrspülers zu öffnen – um sie sogleich wieder zu schließen.
Angenommen, Sie wollen schon seit langer Zeit Ihren Schreibtisch auf Vordermann bringen, nehmen Sie einfach nur die obersten Blätter eines Papierstapels in die Hand – und legen Sie sie anschließend wieder zurück.
Angenommen, Sie möchten schon seit längerem die Bücherregale aufhängen, die Sie vor einem Jahr gekauft haben, dann tun Sie nichts weiter, als die Bohrmaschine auszupacken – und wieder einzupacken.

Handeln statt Traumwandeln Das soll alles sein? Ja, das ist alles. Der Sinn dieser Übung liegt darin, Ihnen in Zukunft den Anfang zu erleichtern, eben die Initialzündung herbeizuführen. Außerdem verlieren die negativen Gefühle, die häufig schon mit dem Anblick (!) des Geschirrspülers, des unordentlichen Schreibtischs oder der Bohrmaschine verbunden sind, ihre Macht, und Sie gelangen zu der Überzeugung „Ich kann, wenn ich will!".

Sie verfahren wie oben beschrieben für die ganze Wohnung. Sie werden sehen, die Übung ist so ungewohnt, dass sie großen Spaß macht und Appetit schafft, endlich ins Handeln zu kommen.

Arbeit oder Arbeit

Zum Abschluss unserer Denkstrategien zur Überwindung von Handlungsblockaden wollen wir Ihnen einen weiteren Perspektivenwechsel anbieten. Was blüht Ihnen, wenn Sie Aufgaben sofort anpacken? Arbeit! Was blüht Ihnen, wenn Sie Aufgaben vor sich herschieben? Noch mehr Arbeit! Wenn es also nicht möglich ist, der Arbeit zu entkommen, warum entscheiden Sie sich nicht dafür, es hinter sich zu bringen und gleich jetzt einen Schritt vorwärts zu tun, solange Sie es noch unbeschwert vom psychologischen Rucksack des Aufschiebens tun können?

Arbeitstechniken gegen Aufschieberitis

3-2-1-Programm

Einen behutsamen Einstieg in den Arbeitstag bietet das 3-2-1-Programm, das übrigens nicht zu verwechseln ist mit dem Selbststarter „3-2-1-Los!". 3-2-1 steht für:

- 3 Kleinigkeiten
- 2 Routinetätigkeiten
- 1 Top-Priorität des Tages

3 Kleinigkeiten verschaffen frühe Erfolgserlebnisse, das Gefühl, schon etwas vom Schreibtisch bekommen zu haben. So wie Sie starten, so liegen Sie im Rennen. Außerdem können sie praktisch im Halbschlaf erledigt werden, was insbesondere für Morgenmuffel und „Koffeiniker"

Morgendliche Erfolgserlebnisse

von unschätzbarem Wert ist, die nicht in die Gänge kommen, ehe nicht die Kaffeemaschine die erste heiße Brühe ausgespuckt hat.

Routine zum Einstimmen 2 Routinetätigkeiten schließen sich an. Ein Vorteil des 3-2-1-Programms liegt in der frühen Bearbeitung von zumindest zwei Routineaufgaben. Denn diese Routineaufgaben sind besonders gefährdete Kandidaten, was das Aufschieben betrifft. Der Aufschiebende, der etwas auf sich hält, ist der Ansicht, er sei für Höheres geschaffen, und man sollte ihm solche Arbeiten gefälligst vom Leib halten. Und der Trotzige versteht nicht, warum ausgerechnet er zu diesen Sklavenarbeiten verdonnert wurde.

„First things first" K. Stephen 1 Top-Priorität des Tages. Der große Wert des 3-2-1-Programms besteht darin, dass Sie bereits am frühen Vormittag mit Ihrer Top-Priorität beginnen können. Denn sie erfordert in der Regel geistige Frische und einen größeren Zeitblock, möglichst ohne Unterbrechungen. Achten Sie darauf, dass die drei Kleinigkeiten und zwei Routinetätigkeiten nicht allzu viel Zeit in Anspruch nehmen, damit Sie baldmöglichst zur Tagespriorität vorstoßen können.

Auch das 3-2-1-Programm trägt der Tatsache Rechnung, dass der Beginn der meisten Projekte sich mit Abstand am kniffligsten gestaltet. Stellen Sie sich vor, Sie fahren mit dem Fahrrad bergab. Sie wissen, dass es anschließend ein paar hundert Meter steil bergauf gehen wird. Deswegen lassen Sie sich rollen und sammeln genügend Schwung für den bevorstehenden Anstieg. Die fünf kleinen Erfolgserlebnisse des 3-2-1-Programms versorgen Sie mit diesem Schwung – darin liegt der tiefere Sinn des 3-2-1-Programms. Deshalb wählen Sie besser fünf Aufgaben aus, die Ihnen leicht von der Hand gehen, damit Sie nicht schon frühzeitig in die Verlegenheit des Aufschiebens kommen und schon erste Tageserfolge einheimsen können.

Simone beginnt ihren Tag mit dem Einschalten ihres Computers, bereitet sich eine Kanne Tee, bringt etwas Ordnung in ihren Schreibtisch. Routinetätigkeiten: Anschließend sichtet Sie Ihre Post und die eingegangenen E-Mails. Die Bearbeitung der Post selbst besitzt einstweilen keine Priorität. Sie macht die Tagesplanung. Denn nun hat sie sich schon einen guten Überblick über den Tag verschafft und weiß, was ihre heutige Top-Priorität ist.

Übung 22: 3-2-1-Programm

Legen Sie das 3-2-1-Programm auf Ihre Praxis um. Welche Tätigkeiten bieten sich als Ihre „ersten Amtshandlungen" an? Mit der Zeit entsteht eine Art Ritual. Rituale erleichtern Ihnen das Leben, weil Sie Ihnen das „Denken" und „Grübeln" ersparen. Rituale sind Stimmungsmacher. In diesem Fall stimmt Sie das 3-2-1-Programm auf die Tagespriorität ein. Ehe Sie sich versehen, sind Sie ins Handeln gekommen und – sollten Sie nicht bewusst Energie zum Bremsen aufwenden – arbeiten mit Elan weiter. Das Trägheitsmoment arbeitet *für* Sie.

3: _____

2: _____

1: _____

Vortermin setzen

Zeitlimits schaffen Prioritäten. Das ist der Grund, weshalb Sie in der Vergangenheit Projekte doch noch in letzter Minute abschließen konnten. Mit den Worten „Ist ja auch

Eigene Deadlines festlegen

egal!" ließen Sie überflüssige Aktivitäten aus. Das Parkinson-Gesetz besagt, dass Zeit seinem Wesen nach wie ein flüchtiger Stoff ist und sich wie ein Gas bis in die letzte Ritze des verfügbaren Raums ausbreitet. Sie entscheiden, wie groß dieser Raum ist. Machen Sie es sich daher zur Gewohnheit, Ihre eigenen Deadlines zu kreieren. Diese Zeitlimits liegen wesentlich vor den eigentlichen Abschlussterminen der Projekte. Dadurch gewinnen Sie Zeit und können (als *Übergangslösung*) Ihrer Gewohnheit frönen, Dinge auf den letzten Drücker zu erledigen. Eine Deadline hat zudem den Vorzug, dass der Abschluss eines Projekts – und damit Ihre *Belohnung* – greifbarer wird.

Vortermin im Kalender notieren

Wenn wir diese Technik im Seminar vorstellen, wird zunächst häufig eingewendet: „Das funktioniert bei mir sicher nicht. Ich weiß ja, dass der Vortermin keine echte Deadline ist." Natürlich ist die Taktik, sich selbst einen Vortermin zu geben, eine Form der Selbstüberlistung. Doch die Erfahrung zeigt, dass Ihr Gehirn schon nach wenigen Lernwiederholungen nicht mehr zwischen echtem und unechtem Termin unterscheidet. Damit Sie sich selbst die Gelegenheit geben, wiederholt über den Vortermin zu stolpern, halten Sie ihn unbedingt in Ihrem Terminkalender fest. Den echten Termin vermerken Sie separat. Auf diese Weise bekommen Sie immer wieder den Vortermin zu sehen, und es fällt Ihrem „Biocomputer" leicht, den Vortermin als verbindlich anzuerkennen. Die künstliche „Zeitverschiebung" des Vortermins gewährt Ihnen eine Galgenfrist, und Sie können durch die unverhofft gewonnene Zeit Ihr Projekt mit der nötigen Sorgfalt zu Ende bringen.

Letzter Arbeitstag

Zeitlimits schaffen Prioritäten

Mit einiger Sicherheit haben auch Sie schon selbst erlebt, mit welcher Effizienz Sie am letzten Tag vor Ihrem wohl-

132

verdienten Urlaub arbeiten („Was muss heute auf jeden Fall noch vom Tisch, damit ich beruhigt fahren kann?"). Deadlines schaffen Prioritäten. Und erst Prioritäten ermöglichen effektives Arbeiten. Das ist ein weiterer Grund, weswegen dem Aktionismus Verfallene behaupten, dass sie unter Druck am besten arbeiten. Wie uns zahllose Seminarteilnehmer bestätigten, bedeutet dieser Satz nichts anderes als „Ohne Druck arbeite ich *gar nicht!*" (beziehungsweise uneffizient, in der Manier des Bauers in unserer Geschichte). Außerdem haben diese Menschen in aller Regel kein funktionierendes Zeit-Management. Dazu haben sie angeblich keine Zeit. Aktionisten arbeiten einfach drauf los.

Die Entscheidung liegt bei Ihnen: Wollen Sie weiterhin darauf warten, dass Ihre Umwelt und die Umstände Sie zu Ihrem Glück zwingen? Oder wählen Sie die Selbstdisziplin, die Sie zu einem Menschen mit eigenem freien Willen werden lässt. Freiheit durch Selbstbeschränkung: Wer sich selbst kontrolliert, braucht nicht durch andere kontrolliert zu werden. Wir möchten an dieser Stelle darauf hinweisen, dass der imaginäre letzte Arbeitstag den Zweck verfolgt, klare Prioritäten zu schaffen. Alles, was keine unbedingte Priorität genießt, bleibt einfach liegen. Es soll jedoch nicht soweit kommen, dass Sie übermäßig viele Überstunden einlegen – wie dies bei dem tatsächlichen letzten Arbeitstag häufig der Fall ist.

Waschtag

Eine weitere Arbeitstechnik, um den Arbeitsberg langfristig in den Griff zu bekommen, ist der Waschtag. Machen Sie einmal in der Woche reinen Schreibtisch. Blockieren Sie eine Stunde in Ihrem Terminkalender als Termin mit sich selbst. Dazu bietet sich der Freitag Nachmittag ganz besonders an. Durch den Waschtag (eigentlich *Wasch-*

Vereinbaren Sie Termine mit sich selbst

stunde) schaffen Sie ein Ritual, das Ihrem Gehirn den Übergang in Ihr wohlverdientes Wochenende signalisiert. Der Waschtag erleichtert Ihnen das Abschalten.

Bei diesem Termin mit sich selbst gilt es zu beachten, dass Sie ihn genauso ernst nehmen sollten wie die Verabredung mit einem Kunden. Fragen Sie sich: Wie oft können Sie einen Kundentermin verschieben? Können Sie Telefongespräche entgegennehmen, während Sie mit einem Kunden beisammensitzen? Wohl kaum. Lassen Sie sich selbst dieselbe Wertschätzung wie Ihren Kunden zukommen.

Büroglyphen

Konsequente Eigenkontrolle vornehmen

Wie eingangs des Kapitels erwähnt, ist Aufschieberitis eine sich selbst belohnende Gewohnheit. Darum ist es hilfreich, ein Gegengewicht zu schaffen. Dieses Gegengewicht kann erst durch konsequente Eigenkontrolle Ihrer Arbeitsleistung entstehen. So können Sie sicherstellen, dass die umgehende Erledigung von Aufgaben ebenfalls belohnt wird. „Büroglyphen" sind dafür eine kleine und feine Methode.

Besonders motivierend wirkt unserer Erfahrung nach eine an die japanische Daruma-Puppe angelehnte Büroglyphe. Eine Daruma ist eine rote Puppe ohne Beine. Ihre Augen haben keine Pupillen. An Neujahr wird ein Wunsch geäußert, und zum Zeichen, dass dieser Wunsch noch nicht erfüllt ist, wird der Daruma-Puppe eine schwarze Pupille in ihr ansonsten weißes Gesicht gemalt. Erst, wenn sich der Wunsch erfüllt hat, darf man ihr auch die zweite Pupille malen. Dieses Prinzip lässt sich hervorragend auf die Aufschieberitis anwenden.

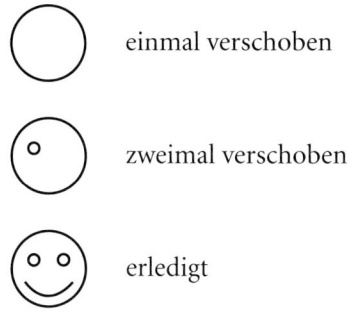

einmal verschoben

zweimal verschoben

erledigt

Abbildung 9: Büroglyphen

Ein einäugiges Gesicht mag irritierend auf Sie wirken. Genau das ist beabsichtigt. Dadurch werden Sie daran erinnert, dass noch weitere Schritte zur Realisierung Ihres Vorhabens nötig sind. Teilnehmer berichten immer wieder, dass die Aussicht, der Puppe eine zweite Pupille einzeichnen zu dürfen, enorm motivierend auf sie wirkt.

Als alternative Büroglyphe bietet sich an, eine Aufgabe, die Sie in Ihrem Kalender auf den nächsten Tag übertragen, mit einem Minuszeichen zu versehen. Wenn Sie die Aufgabe noch am selben Tag erledigen, streichen Sie das Minuszeichen durch – und Sie haben sich ein Plus verdient!

Unangenehmes angenehm gestalten

Warum schieben Sie etwas auf? Weil es Ihnen wahrscheinlich im Augenblick unangenehm ist, beziehungsweise, weil Ihnen auf kurze Sicht eine andere Tätigkeit angenehmer erscheint. Was auf das Gleiche hinausläuft. Gestalten Sie die Rahmenbedingungen rund um die lästige Aufgabe angenehm, und die dazugehörige Überwindung ist nur noch halb so groß. Unangenehmes angenehm zu gestalten läuft darauf hinaus, sich selbst bewusster zu belohnen. Wie oft gönnen Sie sich eine Tasse Kaffee einfach nur so,

Sich selbst gezielt belohnen

135

weil Ihnen gerade danach ist? Vielleicht verstärken Sie sogar unbewusst Ihre Aufschieberitis, indem Sie häufig ausgerechnet dann eine Kaffeepause einlegen, wenn unangenehme Aufgaben anstehen. Warum nicht besser den Kaffee gezielt als *Selbstbelohnung* einsetzen, während Sie Ihre Reisekosten abrechnen oder Ihre Tagesplanung vornehmen? Treten unangenehme und angenehme Tätigkeiten wiederholt in Kombination auf, werden die unangenehmen mit der Zeit immer angenehmer. Während Ihre Kollegen sich mit einer „überflüssigen Statistik" plagen, haben Sie gelernt: „Statistik? Mache ich gern. Dazu gönne ich mir immer meinen Lieblingstee."

Wir warnen allerdings vor Übertreibung. Diese Technik soll nicht dazu führen, dass Sie wieder versuchen, jegliche Frustration zu vermeiden. Doch wenn Sie für sich die Überzeugung gewonnen haben „Es darf mir ruhig schwer fallen!", ist es nur klug, Energien zu sparen, um diese für weitere Ziele einzusetzen.

Erst die Arbeit, dann das Vergnügen

Der Rat, dass wir unangenehme Tätigkeiten möglichst frühzeitig hinter uns bringen sollten, wird oftmals als „Binsenweisheit" abgetan. Das liegt daran, dass viele Vertreter der Theorie des Es-muss-leicht-sein auf spektakuläre neue Erkenntnisse warten. Die Tatsache, dass sie über viele wertvolle Arbeits- und Denktechniken bereits verfügen, um Aufschieberitis zu überwinden, ist ihnen unsympathisch. Lieber warten sie auf mystische Aha-Erlebnisse, mit deren Hilfe das Leben mit einem Schlag ein Zuckerschlecken wird.

Das Hauptargument für die Empfehlung, sich unverzüglich langweiligen, stressigen, angstbesetzten oder schmerzvollen Aufgaben zu stellen, ist, dass Sie andernfalls Ihre Ar-

136

beitsmoral untergraben. Es ist als ob Sie sich nur die Rosinen aus dem Kuchen picken, um sich mit dem verbleibenden Kuchen herumzuplagen. Mit den Rosinen in der Hand bleiben Sie unmotiviert auf der Strecke.

Toni: Wenn ich wusste, dass ich an diesem Tag beim Abteilungsleiter oder bei einem problematischen Kunden anrufen musste, war er für mich schon gelaufen. Ich wartete bis kurz vor Dienstschluss und verdarb mir damit jede Arbeitsfreude. Mit dem Telefonat im Nacken konnte ich nichts so recht genießen. Heute fackle ich nicht mehr lange, sondern greife bei der ersten Gelegenheit zum Telefonhörer. Mein Leitspruch ist:

Lieber eine Stunde Stress und sieben Stunden Spaß als eine Stunde Spaß und sieben Stunden Stress.

Kurzfristig ist es natürlich eine Erleichterung, unangenehme Tätigkeiten aufzuschieben. Langfristig spannen Sie sich mit dieser selbst auferlegten Wartezeit auf die Folter. Die lange Bank wird für Sie zur Streckbank. Wiederum erweist sich Selbstdisziplin unter dem Strich als der weitaus weniger beschwerliche Weg. Wenn Sie genau wissen, dass Sie etwas zu erledigen haben, können Sie es ebenso gut *sofort* tun. Mangelnde Selbstdisziplin hat nichts mit Faulheit zu tun. Das Gegenteil davon ist wahr: Legen Sie wirklich Wert auf Bequemlichkeit? Dann üben Sie Selbstdisziplin!

Selbstdisziplin schafft Annehmlichkeiten

Zugbrücken-Modell

Das Gefühl, das viele Menschen ergreift, wenn sie an ein umfangreiches Projekt denken, ist vergleichbar mit dem Gefühl, vor einer Wand zu stehen. Dass dieser Eindruck entstehen kann, liegt vor allem daran, dass wir die zeitliche Dimension des Projekts allzu leicht außer Acht lassen.

Wahrscheinlich haben auch Sie schon des Öfteren vergessen, dass Sie beispielsweise

- an der gestellten Aufgabe wachsen,
- zu Beginn des Projekts nicht über sämtliche Informationen und Fähigkeiten verfügen müssen,
- Kollegen oder Freunde um Hilfe bitten können.

Nur durch Ignorieren des Zeitfaktors kann der zweidi-
mensionale Eindruck einer fast unüberwindlichen Wand
entstehen. Sobald Sie erst einmal die Zeit in Ihre Überlegungen einbezogen haben, werden Sie bemerken, dass es
sich gar nicht um eine Wand handelt, sondern lediglich
um eine hinaufgeklappte Zugbrücke. Wenn Sie erst einmal den ersten Schritt getätigt haben, werden Sie bemerken, dass die Zugbrücke ganz allmählich sich zu senken
beginnt und den Weg für Sie freigibt. Naturgemäß ist der
Anstieg, den Sie zu Beginn des Projekts zu bewältigen haben, steiler als gegen Ende.

Tunnelstrategie

Rückwärtsplanen motiviert Beim herkömmlichen Planen vom heutigen Tag zur bis
Deadline haben Sie das Gefühl, *vor* einem Arbeitsberg zu
stehen. Planen Sie hingegen zusätzlich von hinten nach
vorne, bekommen Sie den Eindruck, *auf* diesem Berg zu
stehen. Sie nehmen somit das Erfolgserlebnis, das Projekt
vollendet zu haben, geistig vorweg. Das verschafft Ihnen
einen Motivationsvorschuss, den Sie für Ihren persönlichen Kick-off gut gebrauchen können. Beim Vorwärtsplanen kommt hinzu, dass sich mannigfaltige Wege vor Ihnen auftun. Das Ergebnis kann sein, dass Sie äußerst
unsicher werden und nicht wissen, wo Sie beginnen sollen. Projekte scheitern bekanntlich am häufigsten ganz
am Ende. Das ist wenig überraschend. Jeder Bergsteiger
weiß, dass es meist viele Möglichkeiten gibt, sich im Tal

auf den Weg zu machen. Doch kurz vor dem Gipfelsieg bleibt oft nur ein einziger Weg übrig. Auch bei Projekten treten gegen Ende erfahrungsgemäß die größten Engpässe auf.

Aus Ihren Kindertagen sind Ihnen sicher noch die Labyrinthrätsel in Erinnerung. Von vielen Wegen führt dort nur einer zum Ziel. Und sicher haben auch Sie mehr als nur einmal „ein bisschen geschummelt" und gleich beim Ziel begonnen, um sich die mühselige Sucherei zu ersparen. Sehen Sie, genau das empfehlen wir Ihnen hier.

Mit dem Rückwärtsplanen ersparen Sie sich Sackgassen.

Stellen Sie sich vor, ein Werbeprospekt soll in der 14. Kalenderwoche fertig sein, die Druckerei braucht 10 Tage, das heißt, die Druckvorlage muss in der 12. Woche in die Druckerei, folglich muss das Layout in der 11. Woche fertig sein, damit noch Korrekturen vorgenommen werden können. Das heißt, man muss spätestens in der 10. Woche mit dem Schreiben des Textes beginnen.

Wichtig bei der Technik ist, dass Sie sich einige Tage Sicherheitspuffer lassen. So verschiebt sich der Beginn einer Tätigkeit noch um einige Tage vor, und Sie beginnen bestimmt nie zu spät. Nun haben Vorwärtsplanen und Rückwärtsplanen unterschiedliche Vorteile. Ein Entweder-oder-Denken ist nicht ratsam. Am vernünftigsten ist es, wenn Sie sich die Vorteile beider Methoden zu Nutze machen. Daraus leitet sich die Empfehlung ab, mit der Planung von rückwärts zu beginnen. Sobald Sie ins Stocken geraten, beginnen Sie mit der Planung von vorwärts. Somit ergibt sich in Summe eine Strategie, die Sie

Schützen Sie sich vor Zeitnot

aus dem Tunnelbau kennen. Eine Mannschaft auf der einen Seite, die andere auf der entgegengesetzten Seite. Ungefähr auf halbem Weg werden sich die beiden treffen. Seitdem wir, die Autoren, auf diese Weise planen, geraten wir in unseren Trainings nur noch höchst selten in Zeitnot. Und es ist sichergestellt, dass die Wege, die wir beschreiten, nicht nur am *Anfang* gut klingen, sondern am *Ende* auch gut sind.

> Begin with the end in your mind!
>
> (Stephen Covey)

Durchhaltevermögen steigern

Mit dem Handeln zu beginnen, ist eine Sache, dann aber auch dran zu bleiben, eine andere. Zahlreiche Verlockungen lauern am Wegesrand und wollen Sie von Ihrer Linie wieder abbringen. Darum wird sich unser zweiter großer Themenblock auf Durchhaltevermögen, Konsequenz, Ausdauer, Willenskraft, oder wie auch immer Sie persönlich es nennen mögen, beziehen.

Konsequenz-Modell

> Lieber morgen die Henne als heute das Ei!
>
> (China)

Hermann: Sonntagabends stelle ich mir den Wecker. Ich weiß, wenn ich morgen um sechs Uhr aufstehe, kann ich eine Kleinigkeit frühstücken und komme immer noch recht-

140

zeitig vor dem großen Berufsverkehr in die Arbeit. Das Pro-
blem ist, wenn ich am Montag in der Früh aufwache, fühle
ich mich so matt. Also drücke ich die Schlummertaste und
schlafe noch für eine Weile. Wenn ich dann endlich aufstehe,
bin ich fünfzehn Minuten später dran, und bis ich aus der
Garage fahre, ist bereits das Chaos auf den Straßen ausge-
brochen.

Wie kommt es, dass Hermann inkonsequent wird? Noch
am Vorabend sind ihm seine Prioritäten voll bewusst.
Eine Viertelstunde Schlaf kann nicht wichtiger sein, als
den Tag entspannt zu beginnen und in aller Ruhe rechtzeitig zur Arbeit zu kommen! Aber sprechen wir lieber
von *Ihnen*. Wie kommt es, dass Sie Ihre Prioritäten über
den Haufen werfen und entgegen aller Vernunft handeln?

Um diese Fragen zu klären, treten wir eine Zeitreise an:
Versetzen Sie sich in die Lage eines Neandertalers. Stellen
Sie sich vor, Sie haben gerade ausgiebig „getafelt", da eilt
einer Ihrer Leute herbei und berichtet Ihnen aufgeregt, er
habe eine Herde Mammuts erspäht. Werden Sie gut beraten sein zu sagen: „Im Augenblick habe ich keinen Hun-
ger. Lass uns bis morgen warten?" Wahrscheinlich nicht,
und das mit gutem Grund: Als Neandertaler können Sie
schließlich nicht wissen, ob die Herde nicht bis morgen
weitergezogen sein wird, ob ein anderer Stamm die Tiere
zuerst erlegen wird oder ob morgen ein Unwetter das Jagen unmöglich machen wird. Für Sie als Neandertaler
wird „CARPE DIEM" groß geschrieben. Ihr Leben ist ein
einziges Fragezeichen. Darum leben Sie nach der Devise:
„Was ich habe, das habe ich."

Der Neandertaler hatte allen Grund, sich *nicht* auf
zukünftige Ereignisse zu verlassen. Ein Ei war immer ein
Ei und als Nahrungsmittel nicht zu verachten. Darauf zu

warten, dass daraus eines Tages *vielleicht* eine Henne werden könnte, war nicht gerade die beste aller Überlebensstrategien. Daher war es unter diesen Lebensbedingungen richtig und wichtig, zukünftige Ereignisse abzuwerten.

Abwertung zukünftiger Ereignisse

Wir nähern uns dem Knalleffekt des Konsequenz-Modells. Er resultiert aus dem speziellen Verlauf der Kurve, die den Abwertungsprozess in Abhängigkeit von der Zeit beschreibt (die Wissenschaft spricht vom „temporal discounting"). In dutzenden wissenschaftlicher Untersuchungen war es möglich, diesen Kurvenverlauf zu be stimmen. Die mathematischen Hintergründe wollen wir Ihnen ersparen, um Sie nicht zu langweilen. Wir können aber einen intuitiven Beweis für die Richtigkeit des Kurvenverlaufs antreten:

1. Wie wichtig ist es Ihnen, in genau einem Monat eine Viertelstunde länger zu schlafen?
2. Wie wichtig wird es Ihnen eine Woche vor dem betreffenden Termin sein?
3. Wie wichtig wird es Ihnen am Vorabend sein?
4. Wie wichtig wird es Ihnen an dem betreffenden Morgen sein, noch eine Viertelstunde zu dösen?

Vermutlich haben Sie auf die ersten beiden Fragen geantwortet: „Das ist mir ziemlich gleichgültig". Bei der dritten Frage wurde es allmählich interessant. Und bei Frage 4 ist der Wert des Ereignisses „Länger schlafen" über Nacht drastisch angewachsen: „Ein Königreich für fünfzehn Minuten Schlaf!" Der gute Vorsatz vom Vorabend ist längst nicht mehr relevant. Für die „Abwertungskurve" ergibt sich somit folgender (hyperbolischer) Verlauf:

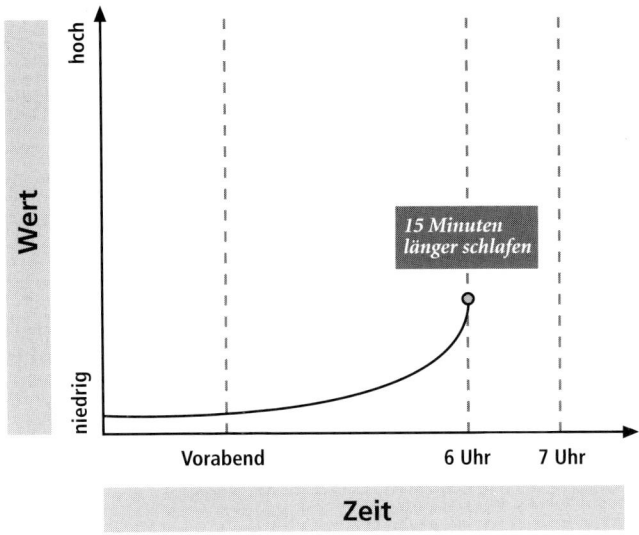

Abbildung 9: Die Abwertungskurve am Beispiel „Länger schlafen"

Die Abwertungskurve beschreibt den *subjektiven* Wert eines Ereignisses in Abhängigkeit von der Zeit. Ein Ereignis *erscheint* lange Zeit vor seinem Eintreten sehr unwichtig. Je näher es rückt, desto wichtiger kommt es uns vor. Im „Endspurt" gewinnt das Ereignis immer stärker an subjektivem Wert.

Das allein erklärt aber noch nicht, weshalb Hermann sich nicht aufraffen konnte, aufzustehen. Das versprochene Aha-Erlebnis steht Ihnen jedoch unmittelbar bevor: Die Abwertungskurve muss ebenfalls auf das Ereignis „In Ruhe zur Arbeit" angewendet werden! Unglücklicherweise tritt dieses Ereignis erst eine Stunde *später* ein. Das bedeutet, wenn Hermann um sechs Uhr aufwacht, wird das Ausschlafen nicht mehr abgewertet – es ist zum Greifen nah und erreicht damit seinen maximalen Wert. Der Berufs-

143

verkehr ist aber zeitlich noch weiter weg, weshalb das Ereignis „In Ruhe zur Arbeit" um sechs Uhr noch beträchtlich abgewertet wird. Hermanns Prioritäten haben sich, während er schlief, umgedreht. Der Pfeil in der Grafik markiert den Schnittpunkt der beiden Abwertungskurven.

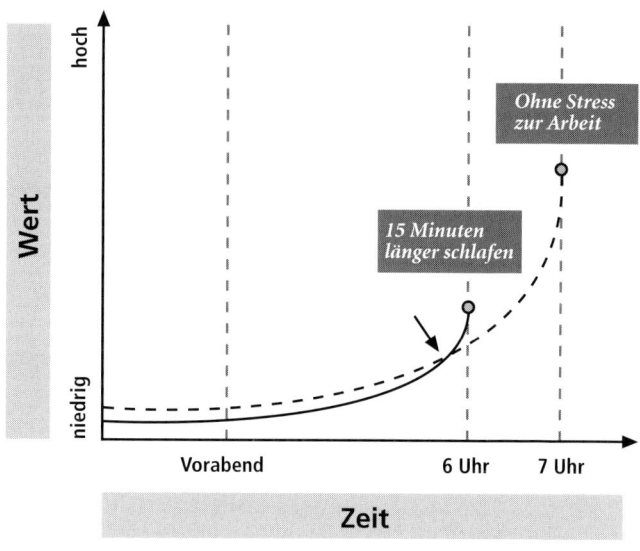

Abbildung 10: Inkonsequenz entsteht ab dem Zeitpunkt, da die Abwertungskurven zweier Ereignisse (Ziele) sich überschneiden.

Denken Sie sich nur die beiden Abwertungskurven weg, und Sie sehen sofort, dass es Hermann deutlich wichtiger ist, in Ruhe zur Arbeit zu kommen als fünfzehn Minuten länger die Bettwärme zu genießen. Würden die beiden Ereignisse nicht in Abhängigkeit von ihrer zeitlichen Nähe abgewertet werden, gäbe es für Hermann niemals ein Prioritätenproblem. Erst der spezielle Verlauf der Abwertungskurve schafft dieses Problem.

Zum besseren Verständnis wollen wir das Konsequenz-Modell auf einen weiteren Fall anwenden, nämlich auf die Altersvorsorge. Viele Menschen halten es für vernünftiger, einen bestimmten Betrag monatlich für eine Rentenversicherung beiseite zu legen, als um denselben Betrag den Lebensstandard noch ein Stückchen zu erhöhen. Warum aber handeln so wenige danach? Aus demselben Grund, aus dem Hermann länger im Bett liegen bleibt. Das Pensionsalter ist noch in weiter Ferne. Dass es mit ziemlicher Verlässlichkeit eines Tages kommen wird, kümmert uns in alter Neandertaler-Manier wenig. Lieber ziehen wir in eine etwas größere Wohnung, buchen einen noch luxuriöseren Urlaub oder sparen auf ein noch schnelleres Auto, und das alles sozusagen mit Lendenschurz und mit Keule.

Dasselbe Spiel können Sie nun auf jede beliebige Situation anwenden, in der Sie sich in der Vergangenheit selbst untreu geworden sind oder in der Sie etwas getan haben, das Sie später selbst als große Dummheit bezeichnet haben[2]. Beispielsweise erscheint einem Jugendlichen seine Gesundheit als etwas Selbstverständliches („Gesundheit? Was für eine uncoole Frage! Gesundheit hat man halt!"). Beinahe dasselbe gilt für einen Dreißigjährigen. Aber wie denkt der Sechzigjährige darüber? Selbst wenn Sie heute erst fünfundzwanzig Lenze jung sind, liegt Ihre Lebenserwartung bereits bei über achtzig Jahren! Das konnten Sie in der Rolle des Neandertalers nicht von sich behaupten.

---

[2] Je nachdem, worum es sich bei dem Ereignis handelt (z. B. Sexualität, Schlaf) verläuft die Abwertungskurve flacher oder steiler. Bezüglich Nahrungsaufnahme und Drogen ist sie beispielsweise besonders steil. Was aber immer erhalten bleibt, das ist der charakteristische hyperbolische Verlauf: Lange Zeit annähernd gleichbleibend mit einem rasanten Anstieg kurz vor Eintreten des Ereignisses.

145

Lebensumstände bestimmen, ob Abwerten funktional ist

Damit sind wir aber beim Punkt. Ob die Abwertungskurve funktional oder dysfunktional ist, hängt davon ab, wie vorhersehbar Ihre äußeren Lebensbedingungen sind. Im heutigen Zeitalter ist die Abwertungskurve in dieser Form höchst unzweckmäßig geworden. Sie dient nicht mehr der Anpassung an den Lebensraum, sondern verhindert sie sogar. Unser Leben ist heutzutage in hohem Maße vorhersehbar geworden: Die meisten Krankheiten sind längst heilbar, es gibt für alles eine Versicherung, und die Regale Ihres Supermarkts werden auch morgen noch zum Bersten voll sein. Dadurch dürfte der subjektive Wert langfristiger Ziele bei weitem nicht so stark fallen, wie er es aufgrund des Neandertaler-Effekts noch immer tut.

Welchen unmittelbaren Nutzen ziehen Sie für sich aus dem Konsequenz-Modell?

- Sie gewinnen größeres Verständnis für Ihre „menschlichen Schwächen" und müssen sich nicht länger für Ihre Inkonsequenz verurteilen.
- Sie wissen aber auch, dass alles beim Alten bleiben wird, wenn Sie nicht an sich selbst arbeiten.
- Sie werden darin bestätigt, dass das bisher Gesagte nicht nur enorm praktisch, sondern auch theoretisch abgesichert ist: Durch das Denken in kleinen Schritten brechen Sie Ihr Ziel in Teilschritte herunter. Durch den jeweils vor Ihnen liegenden Teilschritt stellen Sie Sichtkontakt zu Ihrem bislang noch zu weit entfernten Ziel her. Sie setzen einen Teil des Fernziels in eine Zeitmaschine und holen es in die Gegenwart. Die gleiche Argumentation gilt für die einsatzbezogene Definition Ihrer Ziele. Sie wirkt als das Kontrastmittel, welches den Weg zu Ihrem Ziel unmittelbar vor Ihren Füßen sichtbar werden lässt.

■ Aus dem Konsequenz-Modell lassen sich zahlreiche weitere Techniken ableiten, mit deren Hilfe Sie in Zukunft Sorge tragen können, dass Ihre Prioritäten auch wirklich Ihre Prioritäten bleiben. Mehr dazu erfahren Sie in den nächsten Kapiteln.

■ Es rentiert sich also, erst zu denken, bevor Sie handeln.

> Tun Sie nicht länger so, als ob Ihr Leben ein Fragezeichen wäre – machen Sie ein Ausrufezeichen daraus.

Bilanz-Methode

Bewusste Zielsetzungen sind der beste Impfstoff gegen Inkonsequenz. Ganz ohne Ziele würden Sie wahrscheinlich Ihr Leben lang nur kurzfristigen Belohnungen hinterher laufen.

Katrin: Schon als kleines Mädchen war mein Traum, eines Tages einen Jaguar zu besitzen. Doch nach mehr als fünfzehn Jahren Berufstätigkeit war es mir noch immer nicht gelungen, eine nennenswerte Summe zu sparen. Anhand des Konsequenz-Modells wurde mir schlagartig klar, dass ich schon längst in meinem Jaguar die Landschaft genießen könnte, hätte ich nicht jahrelang meinen Traum gegen viele überflüssige kleine Belohnungen eingetauscht. Mit einem Mal hatte ich das Gefühl, auf einem riesigen Haufen Spielzeugautos zu sitzen, der genauso viel gekostet hat wie ein Jaguar!

> Wollen Sie Ihre Lebensträume hergeben im Tausch gegen wertlosen Plunder?

Ehrliche Gewinn-/ Die Frage ist, ob Sie wollen, dass es Ihnen genauso ergeht
Verlustrechnungen wie Katrin? Lautet Ihre Antwort nein, machen Sie fortan
anstellen Gebrauch von der Bilanz-Methode. Stellen Sie sich Fragen
dieser Art:

- Wie wichtig wäre es mir *vor einer Woche* gewesen, heute stundenlang im Internet zu surfen?
- Wie wichtig wird mir der heutige Genuss *morgen* sein?
- Wie weh wird es mir *morgen* tun, dieses zweite Glas Wein heute nicht getrunken zu haben?
- Werde ich *morgen* stolz auf mich sein, dieser Zigarette widerstanden zu haben, oder wird sie mir sehr fehlen?

Halten Sie sich vor Augen, wie groß der Verlust an Genuss im Augenblick tatsächlich ist und wie groß im Vergleich dazu der Verlust ist, den Sie in der Zukunft hinzunehmen haben, wenn Sie sich für die kurzfristige Befriedigung Ihrer Bedürfnisse entscheiden. Umgekehrt können Sie die möglichen Gewinne einander gegenüberstellen. Malen Sie sich jeweils auch die mit der Entscheidung verbundenen Gefühle aus. Diese Vorgehensweise erfordert natürlich, dass Sie aufrichtig zu sich selbst sind. Der große Vorteil der Bilanz-Methode ist jedoch, dass Sie nicht länger zulassen, aufgrund der Abwertungskurve wie ein Neandertaler mit wichtigen Ziele zu verfahren.

Übung 23: Die Bilanz-Methode
Identifizieren Sie jene kurzfristigen Belohnungen, die Ihnen bei der Verwirklichung eines langfristigen Vorhabens immer wieder in die Quere kommen.

Zoomen Sie ein langfristiges Ziel, das Sie bis heute nicht umsetzen konnten, wie mit einem Teleobjektiv ins Jetzt und Hier. Stellen Sie die Summe Ihrer kurzfristigen Gewinne, die Sie durch

Ihre Inkonsequenz haben, der Schwächung (oder gar Zerstö-
rung) Ihres langfristigen Ziels gegenüber. Wie sieht Ihre Bilanz
aus?

Einmal mehr sehen Sie, weshalb es so entscheidend ist,
seine Ziele auch schriftlich niederzulegen. Nur so werden
Sie regelmäßig daran erinnert, und Ihre Ziele werden wie
in der vorangegangenen Übung in die Gegenwart geholt.
Die Chinesen sagen, dass selbst die schwächste Tinte besser ist als das stärkste Gehirn. Schaffen Sie sich deshalb
weitere Erinnerungshilfen. Sie können beispielsweise ein
Bild von Ihrem Ziel über Ihrem Schreibtisch aufhängen.
Mehr zu solchen und anderen Erinnerungsmethoden erfahren Sie im letzten Kapitel dieses Buchs.

Zwei Arten von Genuss

Übung 24: Was verstehen Sie unter Genuss?
Bitte nehmen Sie sich fünfzehn Sekunden Zeit, um sich darüber
klar zu werden, was Genuss für Sie persönlich bedeutet?

Auf diese Frage antworten unsere Seminarteilnehmer mit
schöner Regelmäßigkeit:

- sich entspannen/Ruhe haben
- etwas Gutes essen/trinken
- etwas bewusst tun
- sich etwas Außergewöhnliches gönnen
- etwas Wohltuendes erleben

Was fällt Ihnen im Sinne des Konsequenz-Modells an dieser Definition auf? Richtig! Alle hier genannten angenehmen Beschäftigungen bringen *kurzfristigen* Lustgewinn.

Langfristiges
Genießen

149

Wenn Sie ernsthaft daran interessiert sind, Ihre Selbstdisziplin zu verbessern, empfehlen wir Ihnen, diese Definition von Genuss um die Dimension des langfristigen Genusses zu erweitern. Achten Sie einmal darauf, welche Gedanken Ihnen durch den Kopf gehen, kurz bevor Sie beschließen, eine Aufgabe zu vertagen. Studieren Sie die nachfolgende Tabelle. Die linke Spalte enthält jene Gedanken, bei denen auch Sie sich als aufmerksamer Beobachter ertappen werden. Die rechte Spalte hingegen zeigt, was Personen denken, die eine Aufgabe dennoch anpacken.

Kurzfristiger Genuss	Langfristiger Genuss
„Darauf habe ich jetzt keine Lust."	„Ich habe zwar keine Lust darauf. Aber ich habe Lust darauf, etwas zur Erreichung meiner Ziele zu tun!"
„Fühlt sich das gut an?"	„Fühlt sich das gut *mir selbst* gegenüber an?"

Selbstdisziplin beginnt im Kopf Selbstdisziplin beginnt mit Ihren Denkgewohnheiten. Wie Sie denken, so handeln Sie auch. Wir leben, das ist Ihnen *bekannt,* in einer Konsumgesellschaft. Aber ist Ihnen auch *bewusst,* wie insbesondere die Werbung Ihnen einzuimpfen versucht, was Sie alles auf der Stelle haben „müssen", um glücklich sein zu können? Wer bringt Ihnen hingegen bei, dass es ein *Genuss* ist, in Übereinstimmung mit den eigenen Überzeugungen und Werten zu handeln? Wer redet darüber, dass es eine Wohltat ist, ein reines Gewissen zu haben?

Es gibt Wünsche niederer Ordnung und Wünsche höherer Ordnung. Vor dem offenen Kühlschrank zu stehen
und „unbändige" Lust auf ein Schnitzel zu haben, fällt
eindeutig in erstere Kategorie. Solchen Gelüsten nachzugehen, ist grundsätzlich unproblematisch und ein Teil der
täglichen Lebensqualität. Doch nur solange, wie diese
Wünsche niederer Ordnung nicht mit Wünschen höherer
Ordnung in Widerspruch stehen: Im Fall des Schnitzels
könnte ein Wunsch höherer Ordnung sein, den Cholesterinspiegel zu senken. Ein niedriger Cholesterinspiegel
an sich bedeutet natürlich keine Selbstverwirklichung.
Hinter diesem Wunsch höherer Ordnung verbirgt sich der
Wert, verantwortungsvoll mit der Gesundheit und dem
eigenen Leben umzugehen.

**Wünsche niederer und
höherer Ordnung**

Auch die zwischenmenschliche Kommunikation hält viele
Beispiele für uns bereit. Versetzen Sie sich in die Position
einer Führungskraft, deren Mitarbeiter soeben ein
schwerwiegender Fehler unterlaufen ist. Nachdem jeder
Vorgesetzter auch wieder einen Vorgesetzten hat (was sogar auf den Papst zutrifft) bringt Sie dieser Patzer gegenüber ihrem eigenen Vorgesetzten in eine peinliche Situation. Wahrscheinlich hätten Sie nicht übel Lust, den
Mitarbeiter zurechtzustutzen. Zugleich haben Sie bestimmte Werthaltungen, wie Sie als Führungskraft mit
Ihren Mitarbeitern umgehen wollen. Sie haben, mit anderen Worten, unreflektierte Impulse – wie das Ausagieren
Ihrer Wut – (Wünsche niederer Ordnung), und Sie haben
Vorstellungen davon, wer Sie als Mensch sein wollen –
nämlich z. B. ein verantwortungsvoller Chef (Wunsch
höherer Ordnung). Anhand des Fallbeispiels sehen Sie:
Wenn Sie Ihr Selbst verwirklichen wollen, müssen Sie
Handlungskontrolle entwickeln. Durch Achtsamkeit und
bewusstes Innehalten geben Sie Ihren Wünschen höherer
Ordnung die kreuzungsfreie Vorfahrt.

> Selbstdisziplin ist die Hebamme Ihrer Selbstverwirklichung.

Lustgewinn und Abhängigkeit Unreflektiertes Genießen auf der Ebene der Wünsche niederer Ordnung (siehe oben) kann zur Sucht werden. Rechnen Sie sich einmal aus, wovon Sie abhängig sind, wenn Sie sich vornehmlich auf kurzfristigen Lustgewinn konzentrieren? Von Ihrem Geldbeutel, von der Unterhaltungsindustrie, kurz: von der Außenwelt. Von wem sind Sie hingegen abhängig, wenn Sie sich auf *langfristigen* Genuss konzentrieren? In erster Linie von sich selbst. Von sich selbst abhängig zu sein, kann kein Schaden sein, denn Sie haben sich sozusagen immer dabei, Sie stehen sich selbst in rauen Mengen zur Verfügung.

> Impulsivität führt zu Fremdbestimmung – Selbstdisziplin führt zu Selbstbestimmung.

Selbstdisziplin ist ein Glücksspender. Nicht umsonst heißt es: „Die Siege über uns selbst, sind die schönsten!" Auf welche Weise profitieren Sie durch diese Gedanken? Nehmen Sie sich eine Minute Zeit, um dieser Frage nachzugehen.

> Der Grundsatz des „geringeren Übels" ist der Grundsatz der Verzweiflung.
>
> (Erich Fromm)

Ablenken

Versuchungen wiederstehen Sich bewusst abzulenken, ist eine energiesparende Methode, um Versuchungen aller Art zu widerstehen. Erinnern Sie sich nur an unseren Leitspruch: „Du sollst den Schweinehund nicht bekämpfen." Versuchen Sie deshalb auch nicht, sich *nicht* auf etwas zu konzentrieren! Das ruft augenblicklich den Schweinehund auf den Plan.

Schon Leo Tolstoi berichtet davon, wie er eines Tages von seinem älteren Bruder aufgefordert wurde, sich in eine Ecke des Raumes zu stellen und solange dort stehen zu bleiben, bis er geschafft hätte, nicht mehr an einen weißen Bären zu denken. Obwohl Tolstoi bis zu diesem Zeitpunkt gar nicht an einen weißen Bären gedacht hatte, wurde er nun massiv von Gedanken an den weißen Bären belästigt. Das Bild, das durch die Worte „weißer Bär" hervorgerufen wurde, war viel stärker als der Zusatz „nicht".

Die Wissenschaft hat zwar gezeigt, dass es *mit einiger Übung möglich* ist, Gedanken zunehmend besser zu unterdrücken. Das Problem ist jedoch der „Rebound-Effekt": Sobald die bewusste Anstrengung, nicht an etwas zu denken, nachlässt, drängen sich Gedanken an diese Sache mehr denn ja auf! Der innere Suchprozess nach diesen Gedanken läuft unterbewusst fort. Man geht heute davon aus, dass Obsessionen durch diesen fehlgeleiteten Versuch, seine Gedanken abzuwehren, erst entstehen. Es lohnt sich also nicht, das Unterdrücken von Gedanken zu üben. Sie erreichen das genaue Gegenteil. Kämpfen Sie nicht mit dem Schweinehund, besiegen Sie ihn! Das erreichen Sie, indem Sie sich

■ entweder (wie gehabt) selbst instruieren: „Es muss nicht leicht sein!" In diesem Fall mag die Situation vielleicht unangenehm sein, aber Sie akzeptieren sie, wie sie ist. Damit kann Ihnen der Schweinehund nichts anhaben. Er wirkt in dieser Situation alt und hat stumpfe

Zähne. Er kann eigentlich nichts weiter tun als Ihnen zu drohen und dumpf vor sich hin zu knurren.

■ mit Ihrer Aufmerksamkeit einer neuen Aufgabe zuwenden. Denken Sie an etwas anderes. Dadurch lassen Sie den Schweinehund kläffend am Wegesrand stehen. Beispiel: Es ist Ihnen bestimmt schon passiert, dass Sie den ganzen Tag nichts gegessen haben, weil Sie mit anderen Dingen beschäftigt waren. Und das Essen ist Ihnen nicht abgegangen – weil Sie nicht daran gedacht haben.

Gedanken steuern – statt Gedanken unterdrücken!

Ausblenden – Das hat für mich keine Bedeutung!

Bedeutungsänderung vornehmen

Eine weitere Methode ist, sich genau so zu verhalten und zu denken wie jene Personen, die den Schweinehund regelmäßig überlisten. Beleuchten wir den Prozess, den ein Raucher auf dem steinigen Weg zum Exraucher durchläuft, einmal genauer, so stellen wir fest, dass sich die *Bedeutung* vom Zigarettenkonsum langsam aber sicher für ihn ändert.

Jessica: Meine ersten nikotinfreien Wochen waren die reinste Qual. Ich hatte mir ausgerechnet, dass ich mir einfach keine Zigaretten mehr kaufen würde. Aber so einfach war es nicht. Wo immer ich zufällig auf Zigaretten traf, geriet ich in Versuchung. Und solche Situationen gab es mehr, als ich mir vorher je erträumt hätte: Rauchende Passanten auf der Straße, Aschenbecher auf dem Schreibtisch der Kollegin, gemeinsame Abende mit Freunden und so weiter und so weiter. Aber irgendwann war der Zeitpunkt erreicht, von dem an ich Zigaretten gar nicht mehr wahrnahm. Mir fiel häufig erst nach einiger Zeit auf, dass mein Gesprächspartner rauchte. Zigarettenautomaten bemerkte ich gar nicht mehr.

*Da wusste ich, dass ich in der entscheidenden Schlacht gegen
die Sucht gesiegt hatte.*

Zigaretten haben für Raucher und Exraucher eine unterschiedliche Bedeutung. Den dahinter stehenden Entwick-
lungsprozess können Sie abkürzen, indem Sie die Gedanken vieler (nicht aller) Exraucher übernehmen.

*Silke: Zigaretten existieren für mich nicht mehr! Kann wohl
sein, dass das Bild einer qualmenden Zigarette hin und wieder auf meiner Netzhaut abgebildet wird. Aber dieses Bild
hat für mich keinerlei Relevanz. Es hat nichts mit mir zu
tun.*

Vegetarier machen eine ähnliche Entwicklung durch. Es ist
ein Irrglaube, dass ein Vegetarier regelmäßig an der Speisekarte verzweifelt. Nein, auf der Suche nach einer passen-
den Mahlzeit überspringt er alle Gerichte, die Fleisch enthalten. Er denkt nicht mehr darüber nach, ob er sich heute
vielleicht doch ein saftiges Steak gönnen soll. Steakliebha-
ber und Vegetarier leben in zwei voneinander getrennten
Einstellungswelten, von BSE ganz zu schweigen.

Ein Beispiel aus der Berufswelt: Vielleicht gehören Sie zu
den Menschen, die in einem Großraumbüro arbeiten.
Dann kann es um Sie herum schon einmal wie im Bienen-
stock zugehen. Ständig laufen Sie Gefahr, durch Klatsch
und Tratsch abgelenkt zu werden. Sollte das der Fall sein,
so sagt das auch etwas über Ihre Arbeitsqualität aus. In den
Flow-Zustand können Sie gelangen, wenn die Herausforderung einer Aufgabe mit Ihren Fähigkeiten im Einklang
steht. Im Zustand des Flow vergessen Sie Raum und Zeit.
Sie sind weniger leicht ablenkbar und arbeiten ohne bewusste Anstrengung. Möglichweise wird es sogar passieren, dass Kollegen sie mehrmals ansprechen oder Sie förm-

lich aus Ihrer Trance wachrütteln müssen. Den Eintritt in das Flow-Erleben können Sie sich ebenfalls durch die Formel „Das existiert für mich nicht!" erleichtern. Sie nehmen den gewünschten Zustand, alles um sich herum ausgeblendet zu haben, bewusst vorweg. Die plaudernden Kollegen haben für Sie keine Bedeutung. Sie hören ihre Worte, doch die sind für Sie nichts als Schallwellen. Sie sehen die Kollegen, doch erscheinen sie Ihnen wie die Figuren auf einer Kinoleinwand. Alles um Sie herum ist nur Kulisse, die nichts mit Ihrer momentanen Realität zu tun hat.

Die Technik „Das hat für mich keine Bedeutung!" scheint auf den ersten Blick im Widerspruch zu der vorigen Technik des Ablenkens zu stehen. Dort hatten wir Sie davor gewarnt, sich auf etwas *nicht* zu konzentrieren. In Wahrheit ergänzen sich beide Techniken perfekt.

Angenommen, Sie haben Ihrem Partner versprochen, heute Abend pünktlich zu Hause zu sein, weil Sie über das verlängerte Wochenende zu den Schwiegereltern fahren wollen. Sie haben bereits Ihren Schreibtisch aufgeräumt und den Computer heruntergefahren. In diesem Moment läutet das Telefon. Der berühmte letzte Anruf. Sie können jetzt folgendermaßen vorgehen: Im ersten Schritt sagen Sie sich: „Heute gibt es für mich kein Telefon mehr!" Schritt zwei ist, dass Sie Ihre Aufmerksamkeit der Ausgangstür zuwenden.

Miniatur-Verbot

Verzichten ohne Freiheitsverlust

Entscheidungen tun weh – das ist spätestens seit dem Kapitel „Abwägen" klar. Echte Entscheidungen sind immer mit einer Beschränkung Ihrer persönlichen Freiheit verbunden. Dieser schmerzliche Freiheitsverlust hat Sie in der Vergangenheit wiederholt dazu verleitet, Ihre Entscheidungen rückgängig zu machen. Wie wäre es aber, wenn wir das Unmögliche wahr gemacht und eine Entscheidung praktisch ohne Freiheitsverlust erfunden hätten?

Das Miniatur-Verbot sieht folgendermaßen aus: Sie dürfen stundenlang in Werbeprospekten blättern. Sie dürfen unvermittelt von Ihrem Schreibtisch aufspringen und auf einen Plausch zum Kollegen ins benachbarte Büro eilen. Sie dürfen einen Freund anrufen, statt sich für die Besprechung vorzubereiten. Sprich, Sie dürfen sich so lange Sie wollen Ihren liebsten Fluchtaktivitäten hingeben. Bloß: *Jetzt nicht!* Dasselbe Prinzip lässt sich auch auf alle anderen schlechten Angewohnheiten übertragen. Sie dürfen naschen nach Herzenslust, sich auf die faule Haut legen, Zigaretten rauchen bis Sie Nebelscheinwerfer einschalten müssen. *Nur nicht jetzt!*

Das Miniatur-Verbot macht natürlich erst dann Sinn, sobald Sie es immer jetzt anwenden. Das Ergebnis ist so paradox wie verblüffend: Angenommen, Sie wollen Ihren Kaffeekonsum reduzieren. Wenn Sie konsequent vom Miniatur-Verbot Gebrauch machen, können Sie eines Tages von sich sagen, seit soundsovielen Jahren keinen Kaffee getrunken zu haben. Und das, obwohl Sie niemals das Kaffeetrinken aufgegeben haben!

Diese Technik ist selbstverständlich Selbstüberlistung pur. Deswegen funktioniert sie nicht bei jedermann. Deswegen macht sie aber auch so ungeheuren Spaß! Unserer Erfahrung nach hat das Miniatur-Verbot die angenehme Begleiterscheinung, dass Leute beginnen, lockerer an Verbote heranzugehen. Der Umgang mit Rückschlägen wird erleichtert, und man kann sich seine Fehler offener eingestehen. Diese Lernbereitschaft ist das genaue Gegenteil der „Mit dem Kopf durch die Wand-Strategie". Selbstdisziplin zu beweisen, ist ein erhebendes Gefühl und darf nicht mit Sturheit in einen Topf geworfen werden.

Miniatur-Gebot Übrigens, das Miniatur-Verbot funktioniert selbstverständlich auch als Gebot, um ins Handeln zu kommen (z. B. „Grundsätzlich bräuchte ich dieses Formblatt nicht auszufüllen – nur dieses eine fülle ich jetzt aus."). Miniatur-Verbot und Miniatur-Gebot machen sich den Umstand zunutze, dass Sie letzten Endes immer nur jetzt handeln können. Sie können sich immer nur jetzt schaden oder jetzt etwas für sich tun.

Ich könnte, wenn ich wollte

In eine ähnliche Richtung wie das Miniatur-Verbot zielt auch die nächste Technik. Bewahren Sie sich das Gefühl von Freiheit, indem Sie zu sich sagen: „Ich könnte, wenn ich wollte, aber ich will nicht."

Gerhard: Mein Ziel ist es nach wie vor, regelmäßig auf meinem Hometrainer zu fahren. Ich hatte schon vor Jahren einmal damit begonnen, aber nach kurzer Zeit wieder damit aufgehört. Damals habe ich mir gesagt „Jetzt bin ich zwei Wochen Rad gefahren. Ich habe bewiesen, dass ich es kann. Es reizt mich nicht mehr." Natürlich war das nur eine Ausrede. Ich trainiere nun zweimal in der Woche vor dem Fernseher. Der Unterschied ist, dass ich heute dieselbe Ausrede für mich arbeiten lasse. Ich denke mir: „Ich könnte jederzeit wieder mit dem Training aufhören. Aber ich will nicht!"

Entscheiden Sie sich für Ihre Priorität Genau wie Gerhard können auch Sie sich bewusst machen, dass es sich bei Ihrer Entscheidung, auf etwas zu verzichten oder unangenehme, wenngleich langfristig positive Konsequenzen in Kauf zu nehmen, um Selbstdisziplin handelt und nicht um von außen auferlegten Zwang. Sie entscheiden sich aus freien Stücken zu Gunsten Ihrer Priorität und gegen eine kurzfristige Belohnung.

1-Minuten-Verzicht

Der 1-Minuten-Verzicht führt Sie weg vom Alles-oder-Nichts-Denken, dem insbesondere der Perfektionist verhaftet ist. Der Perfektionist legt sich, wie gesagt, durch überzogene Ziele die Latte so hoch, dass er sie niemals überspringen könnte. Häufig bleibt er wie paralysiert stehen, weil er nicht das geringste Bedürfnis verspürt, unter der Latte hindurch zu laufen oder sich bestenfalls an ihr den Kopf zu stoßen.

Weg vom Alles-oder-Nichts-Denken

Hinter dem 1-Minuten-Verzicht steckt die Idee, Ihr Selbstvertrauens-Konto systematisch aufzufetten und Sie zu der machtvollen Gewissheit zu führen: „Ich kann widerstehen. Ich bin willensstark."

Harald: Seit Jahren wollte ich das Rauchen aufgeben. Immer habe ich mir eingeredet, ich müsste von einem auf den anderen Tag aufhören. Damit bin ich des Öfteren auf die Nase gefallen. Mit dem 1-Minuten-Verzicht habe ich es geschafft, meinen Arm unter Kontrolle zu bringen. Ich habe mich schön langsam auf zwei und dann auf fünf Minuten gesteigert. Damit waren die meisten Situationen, in denen ich normalerweise zur Zigarette gegriffen hätte, ohnehin schon vorüber. Und obwohl zur Zeit die Versuchung immer noch da ist, habe ich endlich wieder das Gefühl, dass mein Arm ganz allmählich wieder mein Arm wird, statt mich ungefragt mit Zigaretten zu versorgen.

Ein weiterer Vorteil des 1-Minuten-Verzichts ist, dass Sie Ihr altes Verhalten zwischenzeitlich noch beibehalten dürfen, wenngleich in abgeschwächter Form. Dadurch entsteht bei Ihnen nur ein minimales Verlusterlebnis, und Sie geben Ihre Handlungsfreiheit noch nicht zur Gänze auf. Außerdem können Sie Ihre Fantasie, wie „grauenvoll" der Verzicht sein wird, auf ihren Realitätsgehalt hin überprü-

Vorteile des 1-Minuten-Verzichts

159

fen. Und Sie werden feststellen, dass Sie zuletzt viel mehr aushalten, als Sie dachten. Zum Glück sind und bleiben Sie am Leben, also: Kein Grund zum Awfulizing.

Sigrid: Während der Arbeit ließ ich mich durch E-Mails aus meiner Konzentration reißen, die automatisch auf meinem Computer landen und sich mit einem Piepston bemerkbar machen. Jedes Mal befürchtete ich, es könnte etwas Wichtiges dabei sein. Die 1-Minuten-Strategie ließ sich auf meine Situation übertragen und funktionierte gut. Zunächst ließ ich mindestens eine Viertelstunde verstreichen, bevor ich mir die E-Mails anschaute. Mein Ziel erreichte ich, indem ich diese Zeitspanne so weit ausbauen konnte, dass ich mittlerweile nur noch einmal in der Früh und einmal am Nachmittag die E-Mails abrufe.

Der Impulsivität Einhalt gebieten Durch den 1-Minuten-Verzicht lernen Sie, der Impulsivität Einhalt zu gebieten. Installieren Sie einen Puffer zwischen dem Reiz „Ich brauche jetzt unbedingt dies oder das!" und Ihrer Reaktion „Ich tue es, ohne auch nur eine Sekunde darüber nachzudenken." Fangen Sie klein an. Jede Sekunde, die Sie länger als gewohnt durchstehen, ist ein zu würdigender Erfolg. Steigern Sie sich allmählich (z. B. erst eine Minute, dann zwei Minuten, dann fünf Minuten), und Ihr Sieg über die Impulsivität ist allein eine Frage der Zeit. Ausdauer kommt von Dauer.

Auf Zeit spielen Die Erfahrung zeigt, dass oftmals schon nach einer Minute der Gedanke „Ein Königreich für ein Stück Schokolade!" und das damit verbundene Gefühl, sich nicht beherrschen zu können, verschwunden sind! Spielen Sie also auf Zeit. Sie brauchen nichts weiter zu tun, als das Unentschieden zu halten, und am Ende sind Sie der glückliche Gewinner in diesem Entscheidungsspiel Frust gegen Lust.

Vorzeitiger Stopp

Eine der gebräuchlichsten Ausreden lautet: „Jetzt ist es auch schon egal." Es ist schon richtig, dass, wenn Sie einmal den Abgabetermin für einen Bericht überschritten haben, die Tatsache allein, dass Sie zu spät sind, Ihren Vorgesetzten erzürnen wird. Daraus lässt sich aber noch lange nicht ableiten, dass es Ihren Vorgesetzten nicht interessiert, ob Sie einen Tag zu spät dran sind oder zwei, ob Sie guten Willen zeigen oder nicht. Die Ausrede „Jetzt ist es auch schon egal!" gründet sich auf Wunschdenken, nicht auf Tatsachen.

Geradezu grotesk wirkt die Ausrede im Zusammenhang mit dem Ausgeben von Geld. Ein Euro bleibt immer ein Euro, unabhängig davon, wie viel Geld Sie vorher bereits auf den Kopf gehauen haben. Dasselbe gilt für das Essen. Eine Kalorie bleibt eine Kalorie. Selbst wenn Sie gerade einem Fressanfall erlegen sind, um Ihrem Kummer zu entgehen („Es darf nicht weh tun!"): Verzichten Sie auf das letzte Stück Schokolade und feiern Sie das als Ihren Erfolg. Letztlich kommt es einzig und allein darauf an, dass Sie lernen, auch Frustrationen standzuhalten und den Glaubenssatz „Ich kann nicht!" durch kleine Erfolgserlebnisse allmählich zu einem „Ich kann!" umzuformen.

Verzichten ist Übungssache

> Teilerfolge sind auch Erfolge!

Strategien zum Nein sagen

Durchhaltevermögen zu beweisen bedeutet im Grunde nichts anderes, als *zu sich selbst* Nein sagen zu können. So überrascht es nicht weiter, dass es Menschen, die sich selbst keinen Wunsch abschlagen können, auch immense

Das Staubsauger-Syndrom

Probleme bereitet, *anderen gegenüber* Nein zu sagen. Einmal mehr erweist sich mangelnde Selbstdisziplin als Effizienzfresser – notorische Jasager ziehen überflüssige Arbeiten förmlich an. Wir, die Autoren, nennen dieses Phänomen das „Staubsauger-Syndrom". Und wie bei einem richtigen Staubsauger fliegen Ihnen in erster Linie angestaubte Aufgaben zu, mit denen sich Ihre Kollegen nicht herum schlagen wollen, weil diese Aufgaben entweder anstrengend oder überhaupt von niederer Priorität sind. Wenn Sie schlecht Nein sagen können, dann landet in Ihrem Arbeitsbereich jede Menge problematischer Unrat. Tragischerweise spricht sich Ihre unfreiwillige Hilfsbereitschaft sehr schnell herum. In der Kantine erzählt man sich: „Wenn du dich da nicht auskennst, geh doch einfach zum Soundso. Der erledigt das für dich." Dann wissen wir, bei wem wieder einmal das letzte Licht im ganzen Bürohaus brennt, wem das letzte Auto auf dem Firmenparkplatz gehört.

Aufschieben als Trotzreaktion Der zweite Grund, weshalb Sie als von der Aufschieberitis Gebeutelter unbedingt das Nein sagen beherrschen sollten, ist, dass Aufschieben häufig eine unbewusste Trotzreaktion ist. Damit versuchen Sie Ihre Freiheit *nachträglich* wiederherzustellen. Und lassen zum Beispiel Dokumente in der hintersten Schublade verstauben. Wenn sich Ihr Kollege dann irgendwann nach diesen Dokumenten erkundigt, sagen Sie unschuldig: „Ach, das habe ich ganz vergessen." Dieses Aufbäumen gegen die Autoritäten mittels Aufschieberitis rührt von einem Gefühl der eigenen Hilflosigkeit. Und weil das Opfer in unserer Gesellschaft grundsätzlich im Recht ist, fühlen Sie sich befugt, die Aufgaben, die man Ihnen „aufgezwungen" hat, hinauszuschieben.

Gründe für das Nein benennen Ein Nein kann viele Formen annehmen. Eines sollte jedoch stets gewährleistet sein – dass Sie Ihr Beziehungsnetz nicht ruinieren. Daher sollte es selbstverständlich sein, dass Sie

Ihr Nein *begründen.* Es sollte sichergestellt sein, dass Sie
Ihre Gründe haben und nicht lediglich zu bequem sind.
Denn unter dem Nein sagen soll der Teamgeist nicht leiden.
Ein vernünftiges Maß an tätiger Hilfsbereitschaft ist für den
Teamgeist und somit für den Teamerfolg eine wichtige Vor-
aussetzung. Viele Menschen tun sich deshalb mit dem Nein
sagen so schwer, weil sie in den Kategorien Entweder/Oder
denken. In der folgenden Tabelle haben wir daher diverse
Strategien für Sie zusammengestellt.

Strategie	Wie Sie konkret vorgehen	Zielgruppe
Bedenkzeit ausbitten	Besonders dem eigenen Chef oder Kunden gegenüber ist es unglaubwürdig, bei Vorbehalten gegenüber der Aufgabe, spontan ablehnend zu reagieren. Bitten Sie sich Bedenkzeit aus. Nach Ablauf der Bedenkzeit übernehmen Sie entweder den Auftrag oder aber Sie formulieren Ihre Kritik als Frage oder offenen Punkt. Weisen Sie Ihren Chef darauf hin, welche Auswirkungen die delegierte Aufgabe auf andere Projekte hätte oder weshalb Sie anderswo besser eingesetzt wären. Den Schluss, dass ein Projekt nicht realisierbar ist, überlassen Sie am besten Ihrem Chef.	■ Vorgesetzte ■ Kunden ■ Kollegen

Information erbitten	Ja, das erledige ich gerne für dich. Ich brauche allerdings zuvor noch einige Informationen. Bitte schreib mir doch die wichtigsten Eckdaten zusammen und schick sie mir. Jede Wette, dass der Bittsteller in vielen Fällen nichts mehr von sich hören lässt!	◼ Kunden ◼ Kollegen
Ja, wenn …	Durch das grundsätzliche Ja signalisieren Sie Ihre Arbeitsbereitschaft. Es ist immer ein starkes Argument – ob Kunden oder dem Vorgesetzten gegenüber – wenn Sie betonen: „Ich möchte, dass Sie sich hundertprozentig auf mich verlassen. Damit ich Ihnen das garantieren kann, brauche ich noch diese Geldmittel, jene personelle Unterstützung oder soundsoviel Zeit …"	◼ Vorgesetzte ◼ Kunden ◼ Kollegen
Kuh-Handel *(Prinzip Leistung –* *Gegenleistung)*	Für Menschen, denen das Neinsagen schwer fällt, empfiehlt sich ein Tauschgeschäft. Sie sagen grundsätzlich Ja, holen sich aber im Gegenzug etwas zurück: „Ja, das erledige ich gerne für dich. Übrigens	Besonders geeignet, um herauszufinden, ob der Bittsteller Sie ausnutzt oder ebenso viel Teamgeist besitzt wie Sie. Sie werden überrascht sein, wie viele Menschen Sie zu

	könntest Du mir auch in einer Sache helfen, und zwar …"	Unrecht zu den Pappenheimern gezählt haben!
Hilfe zur Selbsthilfe *(Coaching)*	Stellen Sie gleich zu Beginn klar, dass Sie nicht beabsichtigen, das Problem selbst zu lösen, aber dem Kollegen selbstverständlich gerne zur Seite stehen. Gehen Sie das Problem gemeinsam mit dem Kollegen durch. Achten Sie darauf, möglichst viele Fragen zu stellen, da diese die Selbstständigkeit fördern. Lassen Sie sich von dem Kollegen Vorschläge machen.	Kollegen, die auf Ihre Hilfe angewiesen sind, weil Sie zwar wollen, aber noch nicht können.
Alternative Lösungen *(Delegation)*	Der Übergang zur vorangegangenen Technik ist fließend. Sie bieten eine Lösung an, sind jedoch nicht Teil der Lösung. Zum Beispiel erklären Sie dem Fragenden, wo er entsprechende Informationen her bekommt, wer das Problem vielleicht schon gelöst hat oder dafür zuständig ist.	Dauerbittsteller Kollegen, die könnten, aber nicht wollen.

Nein, weil ...	Sagen Sie nur in absoluten Ausnahmefällen einfach so Nein. Ihr Gesprächspartner würde dies als Desinteresse an seiner Person und der Situation, in der er sich befindet, werten. Die Beziehungsebene wird langfristig belastet. Begründen Sie daher Ihre Entscheidung: „Ich habe leider im Augenblick überhaupt keine Zeit." „Du weißt, normalerweise helfe ich dir, wo ich kann. Im Augenblick geht es wirklich nicht."	Kollegen
Argumentative Notbremse	Sie verlassen die Ebene der konkreten Argumentation und wechseln auf die Meta-Ebene: „Wir können gerne noch stundenlang weiterdiskutieren. Aber am Ende werde ich doch Nein sagen." Die unausgesprochene Botschaft lautet: „Du verschwendest Deine Zeit!"	Kollegen, die weder wollen noch können. Menschen, die Ihre Grenzen einfach nicht akzeptieren wollen

Unser herzlicher Tipp an Sie lautet dazu, dass Sie sich keinesfalls auf einen Argumente-Wettstreit einlassen. Bringen Sie immer wieder, wie eine tibetanische Gebetsmühle
einige wenige Argumente vor. Die bloße Tatsache, dass Sie
krampfhaft nach Argumenten suchen, vermittelt bereits
den Eindruck von Schwäche, und Sieger bleibt derjenige,
dem zuletzt immer noch ein letztes, noch so absurdes Argument einfällt. Not macht ja bekanntlich erfinderisch.
Wenn Sie also bei Ihren ersten Argumenten (beziehungsweise bei einigen wenigen Argumenten) bleiben, merkt
Ihr Gegenüber, dass Sie sich Ihrer Sache ganz sicher sind.
Wenige hieb- und stichfeste Argumente genügen Ihnen,
um im „Abwehrkampf" erfolgreich zu sein, beispielsweise:
„Ich würde Dir wirklich gerne helfen, aber ich habe beim
besten Willen keine Zeit."

Ein gutes Argument genügt

> Hüten Sie sich vor einem Wettstreit der Argumente.

Auch beim Nein sagen macht der Ton die Musik und die
Harmonie. Er entscheidet darüber, ob der Kollege Sie
auch weiterhin als Teil desselben Orchesters schätzt, und
dann ist es immer noch besser, Philharmoniker als Solist
zu sein. Beherzigen Sie daher die drei H der Verhand-
lungstechnik.

> HHH – Höfliche Härte hilft.

In ähnlicher Weise empfehlen die Autoren des Havard-Konzepts:

Seien Sie hart in der Sache und weich zu den Menschen.

Nicht nur für das Nein sagen gilt: Brechen Sie nach Möglichkeit keine Beziehungen ab. Lassen Sie die Türe stets einen Spalt geöffnet. Angenommen, ein aufgebrachter Kunde ruft bei Ihnen an und beschimpft Sie wüst. Alle Bemühungen Ihrerseits, den Kunden zu beruhigen, fruchten nicht (z. B. „Ich freue mich, wenn ich Ihnen helfen kann. Dazu ist es wichtig, dass wir uns *gemeinsam* Zeit nehmen und das Problem in aller Ruhe durchgehen.“). In solchen Ausnahmefällen können Sie sagen: „Ich glaube, im Augenblick kommen wir beide auf keinen grünen Zweig. Rufen Sie mich aber gerne wieder an, sobald Sie sich in der Verfassung fühlen, oder kann ich Sie später zurückrufen?“ Selbst wenn Sie in der Hotline arbeiten, ist es nicht Ihre Aufgabe, sich von Kunden beschimpfen zu lassen! Das hindert den Kunden daran, Sie als Menschen und nicht bloß als Funktionsträger zu betrachten. Gehen Sie davon aus, dass der Kunde Partner ist und nicht König, denn die Monarchie ist seit 1918 abgeschafft. Treffen Sie also klare Vereinbarungen mit dem Kunden bezüglich der Umgangsformen.

Nein ist das zeitsparendste Wort der deutschen Sprache

Ihr reicher Fundus an Strategien zum Nein sagen wird Ihnen dabei helfen, dass Sie sich Ihren wirklichen Prioritäten widmen können. Und Sie werden in kürzerer Zeit bessere Ergebnisse erzielen, ohne dass ausgerechnet Sie immer der letzte Firmen-Mohikaner sein müssen.

Übung 25: Nein sagen

Wie reagieren Sie auf einen Menschen, der Ihnen hundert Euro
aus der Brieftasche stiehlt?

_____

Wie verhalten Sie sich einem Menschen gegenüber, der Ihnen
eine Stunde Ihrer Zeit stiehlt? (Laden Sie ihn auf einen Kaffee
ein?)

_____

4. Erfolge kontrollieren (TATEN)

Vom Hörensagen kennen Sie den Trick, auf einem Esel in die gewünschte Richtung zu reiten, indem Sie dem Esel eine an einem Stock angebundene Karotte vor die Nase halten. Wirklich ausprobiert haben Sie es wahrscheinlich nie, sonst wüssten Sie, dass dieser Trick nur funktioniert, wenn Sie den Esel von Zeit zu Zeit zu seinem Recht kommen und ihn die Karotte verspeisen lassen. Auch der dümmste Esel lässt sich nicht ewig an der Nase herumführen.

Leistungsklarheit und Erfolgsbewusstsein Die Frage ist nun: Erwarten Sie Selbstdisziplin und eisernes Durchhalten, ohne dass Sie sich für Ihre Erfolge angemessen belohnen? Wie gehen Sie eigentlich mit sich selbst um? Unserer Erfahrung nach verschaffen sich die wenigsten Menschen mit Hilfe von Eigenkontrolle Leistungsklarheit und Erfolgsbewusstsein. Sie gönnen sich die Karotte nie. Dennoch können sich diese Menschen tatsächlich wundern, dass ihnen ihre Arbeit keine Freude mehr bereitet. Ihr Motto lautet: „Zähne zusammenbeißen und durch." Die Frage nach der Belohnung und dem „Wofür?" bleibt offen. Selbstdisziplin ohne Selbstkontrolle macht jedoch absolut keinen Sinn und ist wie ein Himmel ohne Sterne.

Was hindert Sie an der Eigenkontrolle? Was hat Sie bisher daran gehindert, eine regelmäßige Eigenkontrolle vorzunehmen? Dafür gibt es mehr als nur eine Erklärung. Zum einen haben Sie vielleicht negative Erfahrungen mit Kontrolle gemacht. Kontrolle wurde Ih-

170

nen vermutlich von *außen* auferlegt. Damit wurden die Begriffe Kontrolle und Freiheitsverlust für Sie beinahe schon synonym, sie traten mit schöner Regelmäßigkeit paarweise auf. Machen Sie sich also bewusst, dass Ihrer Eigenkontrolle eine freie Entscheidung durch Sie zu Grunde liegt. Niemand zwingt Sie dazu.

Ein zweiter Grund mag sein, dass Sie bei der Beurteilung Ihrer Arbeit einen aufs Negative gerichteten Fokus haben. Dadurch verzichten Sie lieber auf Eigenkontrolle. Wen motiviert es schon, sich tagtäglich all seine Fehler unter die Nase zu reiben? Doch wer schreibt Ihnen eigentlich vor, dass die Eigenkontrolle sich nur auf die Fehler beziehen soll? Diese Mentalität stammt möglicherweise noch aus der Schulzeit, wo viele Lehrer sich besonders an den gemachten Fehlern orientierten. Wenn Sie genauso viel Zeit darauf verwenden, sich darüber klar zu werden, was Sie heute alles gut und richtig gemacht haben, ist Eigenkontrolle wohltuender Balsam für Ihr Selbstvertrauen.

Selbstvertrauen ist gut – Selbstkontrolle ist besser!

Hanna: Während eines Teamtrainings fiel mir auf, dass meine Gruppe nach dem erfolgreichen Abschluss eines anspruchsvollen Projekts ratlos stehen blieb. Das Team feierte nicht etwa seinen Erfolg. Es herrschte allgemeines Warten. „Wo bleibt die nächste Aufgabe?" Genauso läuft es auch in der Praxis. Wir nehmen uns selten die Zeit für eine Nachbetrachtung, was wir gut gemacht haben und was wir weiter verbessern möchten.

Nicht nur die Qualität der Arbeit leidet unter diesem weit verbreiteten Verhalten. Es gibt auch psychische Konse-

Motivation zurückgewinnen

quenzen. Wenn Ihnen ein Erfolg nicht in aller Deutlichkeit bewusst wird, gewinnen Sie auch die Energie, die Sie in ein Projekt investiert haben, nur zum Teil zurück. Wir sprechen davon, dass „psychologische Energiekreise" ungeschlossen bleiben. Wir wollen Ihnen darum einige Möglichkeiten vorstellen, wie Sie in Zukunft sowohl für sich allein als auch gemeinsam mit anderen Ihre Erfolge feiern können.

Praxistipps: Erfolge feiern

Feiern Sie Erfolge und Teilerfolge nach dem Prinzip kleiner Erfolg – kleine Belohnung, großer Erfolg – große Belohnung. Hier einige Beispiele, wie Sie sich in der Praxis selbst belohnen können.

- Verschaffen Sie sich Leistungsklarheit, indem Sie Ihre Aufgaben auf der To do-Liste abhaken.
- „Eigenlob stinkt." Hinter dieser Aussage steckt der Neid der Unproduktiven und das Bedürfnis, Macht über Sie auszuüben. Eigenlob könnte Sie ja selbstständig und unabhängig machen. Wie aber kommen Sie in der Praxis zu Ihrem wohlverdienten Lob. Greifen Sie jedes Mal mit der Frage „Wer ist der Beste in der ganzen Firma?" zum Telefonhörer, um begierig der Antwort: „du ...du ...du ..." zu lauschen? Oder haben Sie in einer Ecke einen Lobautomaten aufgestellt? Nein? Geben Sie sich das Eigenlob, das Sie verdienen, zum Beispiel: „Du kannst mit Deiner Leistung zufrieden sein, weiter so!" oder „Gut gemacht!".
- Tun Sie es den Sportgrößen gleich, und ballen Sie Ihre Hand zur Siegerfaust, nachdem Ihnen ein großer Wurf gelungen ist.
- Zerknüllen Sie erledigte Schriftstücke und befördern Sie diese mit Genuss in die allgemeine Rundablage (sofern die Unterlagen nicht in die Ablage gehören).
- Machen Sie es sich zur Gewohnheit, unter Kollegen Feedback zu geben. Fordern Sie dieses Feedback auch ein, insbesondere von Ihrer Führungskraft. Feedback ist auch eine Holschuld.

Geteilte Freude ist doppelte Freude!

Übung 26: Erfolge feiern

Strecken Sie den rechten Arm im rechten Winkel gerade vor dem Körper aus. Die Handfläche zeigt zur Zimmerdecke. Nun bewegen Sie die rechte Hand langsam in Richtung linker Schulter. Legen Sie die rechte Hand auf der linken Schulter ab. Heben Sie die Hand und lassen Sie sie wiederholt auf die Schulter zurück fallen ;-)

Wie werden Sie in Zukunft Ihre persönlichen Erfolge „standesgemäß" feiern?

Ein regelmäßiger Qualitäts-Check unterstützt Sie dabei, Ihr derzeitiges Leistungsvermögen realistisch einzuschätzen. Eigenkontrolle ist deshalb so unverzichtbar, weil ohne sie entwicklungsfähige Bereiche unsichtbar bleiben. Was geschieht dadurch? Zum einen sind Sie weniger motiviert, denn persönliche Lernfelder können nicht als Herausforderung empfunden werden. Zum anderen bleibt ohne Erfolgskontrolle die Vernachlässigung Ihrer Vorhaben ohne Folgen. „Consequens" bedeutet im Lateinischen soviel wie „folgerichtig". Schaffen Sie also Folgen für das Erreichen oder Verfehlen Ihrer Ziele – und zwar sowohl positive als auch negative Folgen. Es gibt keine Konsequenz ohne Konsequenzen.

Arbeits- und Lebensqualität erhöhen

Ziel + Kontrolle = Konsequenz

In der heutigen Zeit stoßen wir allerdings auf ein gravierendes Problem.

173

Karla: Im Rahmen des Selbstdisziplin-Seminars wollte ich einen „Vertrag mit mir selbst" abschließen. Darin wollte ich eine Belohnung festlegen, falls ich mein Ziel erreiche, und eine Bestrafung, falls ich es nicht erreiche. Eine Bestrafung zu finden war nicht weiter schwierig. Aber die Aufgabe, mir eine Belohnung auszudenken, überforderte mich. Warum? Weil ich mir sowieso schon so ziemlich alles Erdenkliche gönne.

Belohnen Sie sich, statt sich etwas zu gönnen

Die meisten unserer Teilnehmer geben offen zu, dass sie ihren Lebensstandard bis an die Grenzen des finanziell Machbaren ausreizen. Frei nach dem Motto: „Wir leben zwar über unsere Verhältnisse, aber immer noch nicht standesgemäß." Die Verblüffung solcher Teilnehmer ist perfekt, sobald wir nachfragen, *wofür* sie sich eigentlich belohnen. Die kleinlaute Antwort lautet dann zumeist: „Belohnung kann ich das eigentlich nicht nennen. Ich gönne mir das einfach ohne konkreten Anlass."

Vorab Konsequenzen festlegen

Andere Menschen wiederum belohnen sich zwar, aber viel zu global und damit oberflächlich. Sie betrachten beispielsweise Ihren Urlaub als Belohnung für ein Jahr harter Arbeit. Die Tatsache allein, dass sie schwer arbeiten, genügt ihnen. Wie diese Arbeit vonstatten geht, findet kaum Beachtung. Wir empfehlen Ihnen, lassen Sie sich die Chance nicht entgehen, sich selbst wie ein Bildhauer nach Ihren eigenen Vorstellungen zu formen und sich damit noch mehr Profil zu geben. Verhalten, für das Sie sich belohnen, wird in Zukunft mit größerer Wahrscheinlichkeit auftreten. Verhalten, für das Sie sich bestrafen, wird immer unwahrscheinlicher werden. Legen Sie *vorab* die Konsequenzen für Ihr Verhalten fest. Mit *nachträglichem* Belohnen oder Bestrafen erzielen Sie nur den halben Effekt. Erziehen Sie sich selbst und werden Sie der Mensch, der Sie schon immer sein wollten. Zum Glück gibt es Sie!

Ausreden

> Der größte Fehler, den ein Mensch haben kann, ist die
> Angst, einen zu begehen!
>
> (Japan)

Bei Ihrer Erfolgskontrolle kommt es darauf an, dass Sie sich selbst gegenüber ehrlich sind. Mit Ausreden vergeuden Sie nur Ihre kostbare Zeit. Den Begriff „Ausrede" umgibt im Deutschen leider ein Flair von Erfolg: „Aufgrund meiner großartigen Argumentationskunst habe ich mich auf nahezu heldenhafte Weise herausreden können." Und wir blicken dann vielleicht noch etwas hochmütig auf diejenigen herab, die unsere Ausrede „geschluckt" haben und uns auf den Leim gegangen sind.

Selbstdisziplin erfordert Ehrlichkeit zu sich selbst

Mit Ausreden entfernen wir uns von der wahren Ursache unseres Problems. Wir haben vielleicht einen „guten Grund" gefunden (Rationalisierungen wie „Das Tagesgeschäft macht es mir unmöglich, meine Prioritäten einzuhalten, denn ich habe einfach keine Zeit zum Planen"), aber eben nicht *den* Grund („Ich behaupte mich meinem Vorgesetzten und Kollegen gegenüber nicht"). Sich gewohnheitsmäßig herauszureden und das weltmeisterlich zu beherrschen – sei es anderen Personen gegenüber, sei es sich selbst gegenüber –, bedeutet nichts anderes, als ständig die Realität zu verkennen und im potemkinschen Dorf zu wohnen. Dazu eine rhetorische Frage: Können Sie Ihre Probleme lösen, wenn Sie das Problem herunterspielen, die Tatsachen zu Ihren Gunsten verdrehen oder das Problem schlichtweg ignorieren?

„Man muss die Tatsachen kennen, bevor man sie verdrehen kann."

(Mark Twain)

Walter: Früher bin ich praktisch immer zu spät zu unseren Teambesprechungen gekommen. Eine passende Ausrede hatte ich immer zur Hand. Meistens waren es noch nicht einmal wirkliche Ausreden. Ich steckte tatsächlich im Stau oder wurde von einem Kollegen aufgehalten. Aber wahrscheinlich waren doch die Entschuldigungen an meinem Problem mit schuld. Denn eines Tages ist mir etwas Merkwürdiges passiert: Ich kam wieder einmal zu spät. Ich musste mich so beeilen, dass ich noch nicht einmal Zeit gehabt hatte, mich auf meinen Auftritt vorzubereiten. Der wahre Grund, dass ich mich nicht vom Kaffeeplausch mit Edgar hatte losreißen können, war mir zu peinlich. Deswegen sagte ich: „Es tut mir leid. Ich glaube, ich muss meinen Kollegen in Zukunft rechtzeitig Bescheid sagen, dass ich zur Besprechung muss." Und es geschah das Unglaubliche: Bei der nächsten Gelegenheit sagte ich Edgar gleich zu Beginn: „Du, ich muss pünktlich um zehn vor drei weg." Ich bin auch danach immer noch zu spät gekommen. Aber wenigstens nicht mehr aus diesem Grund!

Übernehmen Sie Verantwortung für Ihr Leben Wenn Sie Schluss machen mit umständlichen Rechtfertigungen und erfinderischen Ausreden, haben Sie die beste Chance, in Zukunft aus Ihren Fehlern zu lernen. Sagen Sie bitte nicht: „Ich darf mich nicht mehr aufhalten *lassen.*" Dadurch tarnen Sie sich als unschuldiges Opfer. Übernehmen Sie die Verantwortung für Ihr Handeln. Hier gibt das englische Wort besseren Aufschluss darüber, was mit „Verantwortung" eigentlich gemeint ist. „Responsibility" leitet sich von zwei Wörtern her:

176

response = Antwort, Reaktion
ability = Fähigkeit

Verantwortung für sich selbst zu übernehmen, bedeutet also, dass Sie in der Lage sind, auf die äußeren Umstände zu *reagieren, eben zu antworten*. Sie sind nicht Spielball, sondern Akteur. Sie haben *Antworten* auf das, was Ihnen widerfährt.

„Dieser Zahn tut mir schon seit zwei Wochen weh. Aber es wird schon nichts Schlimmes sein."
„Ich habe dem Kunden zwar diesen Termin verbindlich zugesagt, aber es wird schon nicht so schlimm sein, wenn ich etwas Zeit überziehe und später aufkreuze. Beim letzten Mal war es ja auch kein Malheur."
„Ich habe aufgehört zu rauchen. In der Vergangenheit war es so, dass schon eine einzige Zigarette meine Gedanken wochenlang um das Rauchen kreisen ließ. Aber dieses Mal ist alles anders. Diese eine Zigarette wird schon nichts machen. Das bestätigen mir auch meine Freunde."

Erlernen Sie, zwischen Fakten und Vermutungen zu unterscheiden. Der jeweils erste Teil der Aussage beruht auf Tatsachen. Die Ausreden im zweiten Teil hingegen sind reine Vermutungen. Sie gründen sich auf magischem Wunschdenken.

Vermutungen von Tatsachen unterscheiden

„Weil ich große Angst vor dem Zahnarzt habe, darf der Zahn nicht kariös sein."
„Weil ich keine Lust habe, den Termin einzuhalten, soll es dem Kunden unwichtig sein."
„Weil ich das Bedürfnis nach dieser Zigarette habe, sollen meine Erfahrungen aus der Vergangenheit nicht von Bedeutung sein."

177

Selbstdisziplin, ohne eine gehörige Portion Ehrlichkeit sich selbst gegenüber, ist aus Sicht der Autoren sehr problematisch. Darum widerstehen Sie der Versuchung, die Tatsachen durch den „magischen Sprung" zu übergehen. Trennen Sie wie das Ei von der Schale Ihre Gefühle von den Fakten.

5-Finger-Check

Qualität täglich steigern Nach diesen grundsätzlichen Überlegungen wenden wir uns dem Wie der Erfolgskontrolle zu. Wir sind davon überzeugt, dass sich Ihre täglichen beruflichen und privaten Erfolge nicht an einer Hand abzählen lassen. Dennoch können Sie die fünf Finger einer Hand für Ihren täglichen Qualitäts-Check einsetzen. Dazu entwickeln Sie je Finger eine Frage, die Ihnen Aufschluss über Ihre heutige Gesamtleistung gibt. Die nachstehenden Fragen sind als Anregung für Ihren persönlichen 5-Finger-Check zu verstehen.

Daumen: Dringlichkeit & Wichtigkeit
„Habe ich heute meine Top-Prioritäten erledigen können?"
Gehen Sie nach folgendem Schema vor.

„Was habe ich in dieser Hinsicht gut gemacht?"
„Was möchte ich weiter verbessern?"
„Wie *genau* erreiche ich diese Verbesserungen?"

178

Zeigefinger: Ziele

„Bin ich heute meinen *langfristigen* beruflichen und privaten Zielen näher gekommen, indem ich auch Qualitäts-
Aufgaben beachtet habe, die zwar nicht dringend, aber
immens wichtig sind? Oder habe ich mich der Tyrannei
des Dringlichen gebeugt?"
Aus unserer Sicht sollte der Zeigefinger tatsächlich ein er-
hobener Zeigefinger sein, der Sie daran erinnert und ge-
mahnt, dass Sie an jedem Tag mindestens eine Qualitäts-
Aufgabe abhaken können sollten.

Mittelfinger: Motivation

„Was waren heute die bedeutendsten Ergebnisse und Er-
lebnisse? Was habe ich heute *besonders* gut gemacht? Worauf bin ich heute ganz besonders stolz? Was habe ich
heute Wichtiges für die Zukunft gelernt? Wie könnte ich
meine Erfolge jetzt feiern?"

Ringfinger: Ruhe & Konzentration

„Wie bin ich heute mit Ablenkungen von innen und
außen umgegangen? Wer und was hat mich heute unan-
gemessen lange in meiner Arbeit unterbrochen? Habe ich
Ein-Minuten-Pausen eingelegt? Habe ich angemessen
Nein gesagt?"

Kleiner Finger: Körper

„Wie ist meine momentane emotional-körperlich-gei-
stige Verfassung (EKG), und was täte mir jetzt gut?"

Der 5-Finger-Check dauert in der Praxis etwa fünf bis
zehn Minuten. Das ist in etwa die gleiche Zeit, die Sie in
Ihre Tagesplanung investieren sollten. Diese Zeit haben
Sie. Und Ihre Hand tragen Sie auch immer bei sich. Ausreden sind hier also Mangelware.

Übung 27: 5-Finger-Check

Machen Sie sich nun Gedanken, welche Fragen auf Ihre Praxis am besten zutreffen. Günstig ist es, wenn Sie Übereinstimmungen zwischen dem Anfangsbuchstaben des Fingernamens und dem ersten Buchstaben der Frage herstellen können. Das erleichtert Ihnen das Erinnern.

Daumen:

_____

Zeigefinger:

_____

Mittelfinger:

_____

Ringfinger:

_____

Kleiner Finger:

_____

5. Neue Gewohnheiten festigen (TATEN)

Der Grund, weshalb wir dem Aufbau von Gewohnheiten ein eigenes Kapitel im TATEN-Programm® zugestehen, ist, dass es sich wohl bei den meisten Ihrer Ziele um Gewohnheiten handeln wird, die Sie sich an- oder abgewöhnen möchten. Oder aber: Sie wollen ein bestimmtes Ziel erreichen und müssen sich zu diesem Zweck bestimmte Gewohnheiten aneignen. Sie brauchen Gewohnheiten. Der innere Schweinehund kann Ihnen kaum mehr etwas anhaben, sobald Sie erst einmal eine neue Gewohnheit aufgebaut und die alte Gewohnheit delogiert haben. Mit anderen Worten:

Gewohnheiten helfen Energie sparen

> **Sobald Sie eine neue Gewohnheit entwickelt haben, benötigen Sie kaum noch Selbstdisziplin zur Erreichung Ihres Ziels!**

Damit wird der Schweinehund nur noch sehr selten in seiner Funktion als Energiesparer in Erscheinung treten. Was denken Sie, wie vielen „lästigen" Verpflichtungen und wahrscheinlich wenig „interessanten" Routinetätigkeiten Sie heute als Erwachsener nachkommen, ohne den kleinsten Gedanken daran zu vergeuden? Nehmen Sie nur das Zähne putzen. Täglich mussten Sie als Kind daran erinnert werden. Jedes Mal kostete es Sie Überwindung. Wie geht es Ihnen im Vergleich dazu heute damit? Sollten Sie einmal ins Bett gehen, ohne sich die Zähne geputzt zu ha-

181

ben, werden Sie wahrscheinlich sogar das Gefühl haben, dass Ihnen etwas fehlt. Sollte das immer wieder vorkommen, sind es ja am Schluß vielleicht Ihre Zähne, die fehlen.

Der Mensch ist bekanntlich ein „Gewohnheitstier". Und in den vertrauten Gewohnheiten, die einen festen Platz innehaben, fühlt er sich auch am wohlsten.

Lebenslang oder lebenslänglich

Selbstdisziplin – eine lebenslange Aufgabe Wenn Sie dieses Buch also zu Ende gelesen haben werden und das nächste Mal zur Arbeit gehen, können Sie Ihre alten Gewohnheiten nicht einfach beim Pförtner abgeben. Der Aufbau von Selbstdisziplin ist eine *lebenslange* Aufgabe. Alte Gewohnheiten zu durchbrechen und damit sein Selbst zu verwirklichen, wird Ihnen immer einen unerhörten Krafteinsatz abverlangen. Denn speziell unter Stresseinwirkung drohen alte Gewohnheiten immer wieder durchzubrechen. Es bleibt Ihnen nur noch die traurige Alternative, Ihr Dasein lebenslänglich hinter den Kerkermauern Ihrer ungeliebten alten Gewohnheiten zu fristen. Das ist Strafe genug!

Sie haben die Wahl zwischen einem kurzfristig anstrengenderen Lebensstil, der Ihnen langfristig zu spürbar mehr Zufriedenheit verhilft (lebenslang), und einem kurzfristig angenehmen Lebensstil, der langfristig zu immer größerer Unzufriedenheit führt (lebenslänglich). Zu diesem Thema sagt Mark Twain: „Alte Angewohnheiten kann man nicht einfach zum Fenster hinauswerfen. Man muss sie Stufe für Stufe die Treppe hinunterboxen."

Bitte sehen Sie uns es nach, wenn diese Aussicht wenig erbaulich auf Sie wirkt. Aber den eitrigen Zahn des „Es muss mir ganz leicht fallen!" wollen wir Ihnen ziehen.

3-Wochen-Formel

Im Hinblick auf eine einzelne, neu zu erlernende Gewohnheit sieht es wesentlich rosiger aus. Die Lernpsycho-
logie geht davon aus, dass etwa 21 Wiederholungen nötig
sind, um eine neue Gewohnheit zu etablieren. Deswegen
sprechen wir auch von der „Black-Jack-Formel" – mit 21
haben Sie gewonnen! Angenommen, Sie möchten sich in
Zukunft mit einer neuen Grußformel am Telefon melden,
so bedarf es durchschnittlich 21 Telefonate. Wenn Sie vorhaben, täglich laufen zu gehen, ergeben sich aus 21 Wiederholungen drei Wochen. Darum sprechen wir auch von
der 3-Wochen-Formel, die Ihnen als Richtschnur dienen
wird. Vielen unserer Seminarteilnehmer wird erst aufgrund der 3-Wochen-Formel bewusst, dass sich eine neue
Gewohnheit nicht von einem auf den nächsten Tag einstellt. Die 3-Wochen-Formel hilft auch Ihnen, realistische
Erwartungen zu entwickeln und spornt Sie an, all Ihre
Kräfte für Ihre erstrebten Ziele zu mobilisieren.

Die Black-Jack-Formel für Siegertypen

Dabei sollten Sie nicht aus dem Auge verlieren, dass jede
Ausnahme, die Sie im Verlauf der ersten drei Wochen zulassen, Ihre alte Gewohnheit stärkt, während sie die neue
schwächt. Bedenken Sie also stets:

> **Ausnahmen töten neue Gewohnheiten!**

Ausnahmen sind erst dann echte Ausnahmen, wenn eine
neue Gewohnheit fest installiert ist. Doch selbst dann
noch sind Ausnahmen stets mit Vorsicht zu genießen. Ihre
alte Gewohnheit wird in aller Regel die für Sie angeneh-
mere Alternative gewesen sein. Damit hat sie von Haus
aus die besseren Karten – denn der Weg des geringeren

Ausnahmen sind erst dann Ausnahmen, wenn die neue Gewohnheit fest installiert ist

Widerstandes führt bergab. Der unscheinbare Schneeball („Einmal ist keinmal") rollt talwärts und wird zu einer nur schwer aufzuhaltenden Lawine. Schon Martin Luther warnte: „Wehret den Anfängen." Soll denn alles, was unsere Vorfahren als gut und richtig erkannt haben, im Internet-Zeitalter mit einem Mal falsch sein? Bloß weil es nicht neu ist oder uns die Tatsachen nicht schmecken?

Praxistipps:

- Sorgen Sie dafür, dass Sie täglich an Ihre neuen Gewohnheiten und Ihre Vorhaben erinnert werden. Tragen Sie diese über einen Zeitraum von mindestens drei Wochen auf einmal in Ihren Tagesplan ein. Die Arbeitswoche umfasst lediglich fünf Tage. Bei beruflichen Zielen sollten Sie das Vorhaben dementsprechend für einen ganzen Monat vormerken. Speziell bei elektronischen Zeitplanern ist das heutzutage leicht zu bewerkstelligen.
- Achten Sie darauf, dass Sie den Zeitraum bei unregelmäßigen Tätigkeiten entsprechend verlängern. Wenn Sie beispielsweise einmal in der Woche Tennis spielen wollen, sollten Sie mindestens mit einem halben Jahr rechnen, bis sich eine Gewohnheit einstellt und festigt.
- Fortschreiben der Termine: Bei allem, was über die Wochenperspektive hinausreicht und bei Arbeiten, die unregelmäßig anfallen, ist dringend anzuraten, dass Sie nichts dem Zufall überlassen. Daran, zum Beispiel einmal im Quartal Ihre Buchführung auf Vordermann zu bringen, werden Sie sich höchstwahrscheinlich nie gewöhnen. Legen Sie deswegen einen ersten Termin für diese Aufgabe fest. Sobald dieser Termin erreicht ist, vergeben Sie schon am Morgen im Rahmen Ihrer Tagesplanung den nächsten Termin. Auf diese Weise sorgen Sie dafür, dass es stets einen Termin in Ihrem Kalender zu diesem Vorhaben gibt. Wir sprechen daher auch von einem „Immer-Termin", der wie ein Perpetuum mobile daherkommt.

■ In der gleichen Manier besiegen Sie auch das angesprochene Grillabend-Syndrom. Für jeden Ihrer engsten Freunde gibt es zu jedem Zeitpunkt einen Termin für das nächste Treffen. So verlieren Sie wichtige Menschen nicht aus den Augen. Für das nächste Treffen drei Monate im Voraus einen genauen Zeitpunkt festzulegen, mag sinnlos erscheinen. Es kommt aber erst in zweiter Linie darauf an, ob sich der Termin am Ende halten lässt. Wesentlich ist, dass es einen zeitlichen Horizont gibt. Das gilt für alle wichtigen, aber wenig dringenden Angelegenheiten – ob sie nun Ihre Arbeitsqualität oder Ihre Lebensqualität erhöhen.

Ein ferner Termin ist besser als kein Termin.

Prinzip der vollendeten Tatsachen

Die Strategie, vollendete Tatsachen zu schaffen, hat an sich nichts mit Selbstdisziplin zu tun. Die Brücken hinter sich abzubrechen, ist im Gegenteil eine Möglichkeit, Rahmenbedingungen zu erzeugen, die Ihnen Selbstdisziplin abnehmen. Erinnern wir uns an die Grundüberlegung: So leicht wie möglich, so schwierig wie nötig. Im Sinne des Erfinders ist diese Technik dann, wenn sie Sie darin unterstützt, Ihre Kräfte in anderen Gebieten zu konzentrieren. Durch das Prinzip der vollendeten Tatsachen brauchen Sie sich über bestimmte Handlungsalternativen nicht mehr den Kopf zu zerbrechen:

Irrwege verbarrikadieren

Michaela: Geld, das ich einmal auf meinem Konto habe, gebe ich aus. Vieles von dem, was ich so an einem langen Samstag erstehe, muss wohl überflüssig sein. Das erkenne ich daran,

*dass ich seit meinem Jobwechsel finanziell wesentlich besser da-
stehe. Aber ich könnte nicht sagen, dass sich mein Lebensstandard wirklich verbessert hat. Deswegen lasse ich jetzt monatlich
einen festen Anteil meines Gehalts auf ein Wertpapierdepot
überweisen und investiere diesen Betrag in einen Rentenfond.
Ich habe nicht das Gefühl, dass mir dieses Geld fehlt. Weh täte
es mir nur, wenn ich die Überweisung höchstpersönlich vornehmen müsste. Noch weniger kann ich nämlich mit Geld umgehen, wenn es erst einmal in meiner Geldtasche gelandet ist.
Dann gebe ich bei einem Einkaufsbummel meistens genauso
viel aus, wie ich dabeihabe. Seitdem ich eine Kreditkarte be-
sitze, hat sich dieses Problem verschärft. Die Kreditkarte wieder
abzumelden, macht keinen Sinn. Aber zu Einkaufsbummeln,
bei denen ich von vornherein weiß, dass ich eigentlich nach
nichts Konkretem suche, nehme ich sie einfach nicht mehr mit,
und meine Schecks lasse ich genauso zu Hause.*

**In Tatsachen
steckt „Tat"**
Michaela hat sich durch ein paar organisatorische Kniffe
von ihrem Problem entlastet. Wir, die Autoren, weisen Sie
darauf hin, dass vollendete Tatsachen nicht als Patentlösung gedacht sind, um Sie vor jeglichen Unannehmlichkeiten zu schützen. Ohnehin würden vollendete Tatsachen nicht in allen Bereichen des Lebens möglich und
zweckmäßig sein – es sei denn, Sie hätten vor, sich selbst
eine Zwangsjacke zu verpassen. Wie bereits erwähnt, be-
fürworten wir eher, neue Handlungsmöglichkeiten zu
schaffen, anstatt vorhandene zu versperren.

*Gerd: Ich wünsche mir, eine erfüllende Partnerschaft mit meiner
Frau zu führen. Ich weiß, dass dafür Treue wichtig ist. Um gar
nicht erst in Versuchung zu kommen, habe ich auf Geschäftsrei-
sen mein Hotelzimmer selten verlassen. Inzwischen habe ich
aber erkannt, dass es mir mit einer gesunden Portion Selbstdisziplin möglich ist, auszugehen und meiner Frau trotzdem treu
zu sein. Mir stehen also mehr Handlungsmöglichkeiten offen.*

186

Eine Ehe einzugehen, wäre für Gerd eine weitere Möglichkeit, rechtliche Tatsachen zu schaffen, die zwar nicht endgültig sind, ihm aber doch den Rückweg beträchtlich erschweren. An diesen Beispielen ersehen wir die Gefahren des Prinzips der vollendeten Tatsachen: 1. Vollendete Tatsachen schränken Ihre Bewegungsfreiheit ein. 2. Ist eine Entscheidung nicht wohl abgewogen, kann ein Tor leicht zum Eigentor samt Niederlage werden.

Vorsicht vor Eigentoren

Darum empfehlen wir, diese Technik auch nur in solchen Fällen anzuwenden, in denen

- eindeutige Sachzwänge bestehen (z. B. Lebensmittel, die Ihnen aus gesundheitlichen Gründen vom Arzt verboten wurden, gar nicht erst im Haus zu haben),
- Sie sich in Ihrer Entscheidung ganz sicher sind (z. B. Kinder in die Welt zu setzen)
- die negativen Konsequenzen einer Fehlentscheidung minimal sind (z. B. keine Arbeit mit nach Hause nehmen, weil Sie erfahrungsgemäß ohnehin nie dazu kommen – in Wahrheit sind sie nämlich nach einem zehnstündigen Arbeitstag k. o.).

Prinzip „Alternativen schaffen"

Sich in seinen Handlungsmöglichkeiten zu beschneiden, kann nur in Ausnahmefällen eine angemessene Problementlastung sein. Mit einer guten Portion Handlungskontrolle, die Sie mit Hilfe des TATEN-Programms® erlangen werden, müssen Sie Ihre Möglichkeiten nicht einschränken. In der Regel wird es vielmehr darum gehen, *neue* Verhaltensalternativen zu entwickeln, die eingeschliffene Verhaltensmuster ersetzen.

Durch neue Möglichkeiten alte Muster durchbrechen

Eine Alternative ist eine Einbahnstraße.
Zwei Alternativen sind ein Dilemma.
Ab drei Alternativen beginnt das wahre Leben!

Sie fahren mit Scheuklappen in einer Einbahnstraße, wenn Sie keine anderen Möglichkeiten als das Rauchen oder Kaffee trinken sehen, um psychische Spannungen zu verringern. Das Prinzip Alternativen zielt darauf ab,

- Handlungen zu finden, die Ihre alte Gewohnheit ersetzen. Möchten Sie sich das Kaffee trinken abgewöhnen, wechseln Sie zu allerlei verführerisch duftenden Teesorten oder zu Mineralwasser.
- in schwierigen Fällen Übergangslösungen zu erreichen, die dasselbe Bedürfnis befriedigen wie die unerwünschte Gewohnheit, zugleich aber positivere Konsequenzen mit sich bringen. Beim Rauchen könnte dies sein, dass Sie ersatzweise auf einem Zahnstocher oder einem Kaugummi kauen.

Lösen Sie sich vom Problem, oder Sie werden ein Teil davon

Im Prinzip „Alternativen schaffen" spiegelt sich die Forderung nach einer positiven Zielformulierung im Sinne der Ziele-TREPPE wider. Von solchen Strategien berichten Seminarteilnehmer, die schlechte Angewohnheiten erfolgreich abgelegt haben. Beim Konzentrieren auf eine Aufgabe ist es, wie gesagt, schwierig, unerwünschte Gedanken zu *unterdrücken*. Wesentlich erfolgträchtiger ist es da, unerwünschte Gedanken durch konstruktive zu ersetzen. Dasselbe gilt für den Umgang mit Gewohnheiten.

Bei der Durchführung des Prinzips „Alternativen schaffen" kommt es darauf an, auf die Qualität der Alternativen zu achten. Wenn Sie schließlich zwar nicht mehr nikotinabhängig, aber dafür zum Schokoholiker geworden

188

sind, haben Sie nur sehr bedingt etwas gewonnen. Die Traufe ist keine sinnvolle Alternative zum Regen. Beispielsweise fangen vier von zehn amerikanischen Frauen mit dem Rauchen an, um Gewicht zu reduzieren (Nikotin dämpft den Appetit). Viele Ersatzhandlungen sind nur ein weiterer Versuch, auf schmerzlose Weise ans Ziel zu gelangen. Denken Sie immer an unseren Slogan: „Es muss nicht leicht sein!" Darum betonen wir, dass viele Alternativen den Charakter einer *Übergangslösung* haben.

Prinzip „Konzentration der Kräfte"

Gewohnheiten sind wie Schatten, die immer länger werden, je länger wir die Gewohnheit pflegen. Dementsprechend schwer fällt es uns, über diese Schatten zu springen. Weil Ihre alten Gewohnheiten derart mächtige Gegner sind, tun Sie gut daran, Ihre Kräfte zu konzentrieren.

Übung 28

1. Ballen Sie Ihre rechte Hand zur Faust. Pressen Sie die Faust gegen die Handfläche Ihrer geöffneten linken Hand. Spüren Sie den Druck auf Ihrer linken Handfläche. Merken Sie sich, wie stark der Druck ist, den Sie mit beiden Armen ausüben.
2. Wiederholen Sie den Vorgang mit dem ausgestreckten rechten Zeigefinger. Die Anordnung bleibt ansonsten gleich. Üben Sie genauso viel Druck aus wie beim ersten Durchgang. Spüren Sie den Druck in Ihrer linken Handfläche. Ist er stärker oder schwächer?
3. Was würde passieren, wenn Sie an Stelle des Zeigefingers einen Nagel verwenden würden?

Sie sehen, selbst wenn Ihre Mittel begrenzt sein sollten, können Sie Ihr Ziel erreichen. Die letzte Übung kann zugleich als ein bahnbrechendes Plädoyer für das Prioritäten setzen angesehen werden. Selbst wenn Sie eine Gewohnheit nicht mit einem Mal ablegen können – in welchen Lebensbereichen wäre es besonders *wichtig,* dass es Ihnen gelingt?

Das Prinzip der Konzentration der Kräfte (mit dem Leichtesten beginnen) widerspricht scheinbar dem Grundsatz „Erst die Arbeit, dann das Vergnügen" (mit dem Schwierigsten beginnen). Tatsächlich ist dieser Gedankenknoten leicht zu lösen, wenn wir uns vor Augen führen, dass die beiden Prinzipien sich in den meisten Fällen ergänzen (Beispiel: Sie beginnen mit einer aufwändigen Top-Priorität, wobei Sie Ihre Gedanken ganz auf den ersten Teilschritt konzentrieren). In allen übrigen Fällen gilt es, die Rangordnung der beiden Prinzipien zu beachten. Das Prinzip „Erst die Arbeit …" genießt normalerweise Vorfahrt. Das Prinzip der Konzentration der Kräfte ist hingegen dort nötig, wo Sie noch nicht ausreichend Vertrauen in Ihre eigenen Fähigkeiten haben. Das Durchbrechen alter Gewohnheiten ist immer mit „Blut, Schweiß und Tränen" verbunden. Dabei sollten Sie es sich nur so leicht wie möglich, aber so schwer wie nötig machen. Wichtig ist, dass Sie nicht von vornherein kleine Brötchen backen, sondern auch hier Ihre Ziele so hoch stecken, dass sie mit Ihrem Selbstvertrauens-Konto in Einklang stehen.

Das Prinzip ist allerdings auch lernpsychologisch begründet. Um einen Golfschwung einigermaßen zu beherrschen, benötigt man etwa zehn- bis zwanzigtausend Wiederholungen. Sie können sich vorstellen, dass man angesichts einer solchen Anzahl unterwegs viel Zeit verschwenden kann. Die erfolgreichsten Sportler konzentrieren daher ihre Kräfte, indem sie sich während der

Übungsphase (im Wettkampf ist das anders) immer nur auf einige wenige Aspekte der Bewegung konzentrieren. Das tun sie so lange, bis diese Aspekte *automatisiert* sind und daher keine weitere Aufmerksamkeit mehr benötigen. Erst dann wenden sie sich dem nächsten Bewegungsaspekt zu. Auf diese Weise unterbinden Spitzensportler Ausnahmen. Alles andere kommt dem Hüten eines Sacks voller Flöhe gleich. Denn die menschliche Aufmerksamkeit ist zu begrenzt, als dass wir alles auf einmal richtig machen könnten. Schlussfolgerung: Geduld als eine Seelenverwandte der Selbstdisziplin beschleunigt und dynamisiert den Lernprozess erheblich.

Übung 29:

Suchen Sie sich eine herkömmliche (Schrank-)Tür. Stellen Sie sich so, dass Sie die Tür in Ihre Richtung öffnen können. Zwischen Tür und Türstock soll ein Winkel von mindestens 45 Grad bestehen. Ihr Aufgabe ist es, die Tür zu schließen. Verwenden Sie nacheinander die beiden Methoden:

1. Schlagen Sie mit der Faust einmal kräftig auf die Tür.
2. Setzen Sie den ausgestreckten Zeigefinger an der Tür an. Beginnen Sie, einen leichten Druck auszuüben. Die Tür bewegt sich langsam. Steigern Sie den Druck allmählich, ohne den Kontakt zwischen Tür und Zeigefinger zu unterbrechen.

Welche Ergebnisse haben Sie jeweils erzielt? Im ersten Fall erzitterte vermutlich die Tür und bewegte sich ein wenig in Richtung Türstock. Im zweiten Fall fiel die Tür mühelos ins Schloss. Was lernen Sie daraus? Sie können alte Gewohnheiten durchbrechen, wenn Sie klein beginnen und systematisch fortfahren. Vereinigen Sie eleganten Schwung mit konzentrierter Kraft. Damit erreichen Sie weit mehr als mit roher Gewalt.

Gewohnheits-Analyse

Finden Sie die Schwachstellen Ihrer schlechten Gewohnheit Eine schlechte Gewohnheit erscheint uns häufig wie ein unüberwindbares Hindernis. Dabei übersehen wir, dass sie sich genau wie ein Ziel in Teilgewohnheiten zerlegen (analysieren) lässt.

> **Jede Kette ist nur so stark wie ihr schwächstes Glied!**

In diesem Sinne hat auch jede Gewohnheit ihr persönliches Lindenblatt, wo sie verwundbar ist.

Ulrike musste aus gesundheitlichen Gründen ihren Zuckerkonsum einschränken. Zu Anfang wusste sie nicht, wie sie es schaffen sollte. Denn sie naschte für ihr Leben gern. Anhand der Gewohnheitsanalyse stellte sie fest, in welchen Situationen sie regelmäßig Süßes aß. Dazu legte sie sich folgende Tabelle an.

Teilgewohnheiten Ich nasche …	Rang	Strategie
vor dem Fernseher	3	Meinem Partner möchte ich seine Lieblingsbonbons nicht verbieten. Aber für mich existieren sie nicht mehr.
bei geselligen Abenden	4	Alternativen schaffen. Ich dippe gerne mit Karotten und Sellerie in Kräutersoßen. Das werde ich mit unseren Freunden besprechen, um das zu klären.

im Kino	1	Ich gehe so selten ins Kino, dass mir der Verlust leicht zu verschmerzen erscheint. Dazu brauche ich keine Tricks. Es muss ja nicht leicht sein! Das gibt mir Kraft.
vor dem Computer	6	Beim Arbeiten so nebenbei werden mir die Süßigkeiten besonders fehlen. Hier wird mir Ablenkung helfen. Genau! Ich lenke mich von den Süßigkeiten durch Arbeit ab, statt umgekehrt. Für den Notfall halte ich eine Kanne Tee bereit (Alternativen schaffen).
aus Frust	7	Miniatur-Verbot. Ich darf so viel Schokolade in mich hinein stopfen wie ich will – bloß jetzt nicht. Das ist ein Vielleicht-Ziel. Ich werde sehen, was ich tun kann. Aber spätestens, wenn ich die übrigen sechs Situationen gemeistert habe, werde ich auch das Frustessen in den Griff bekommen.
zum Nachtisch	5	Wenn wir zum Essen eingeladen sind, ist der Nachtisch immer besonders gut. Also vorzeitiger Stopp. Ich werde einmal bei meinem Partner kosten. Damit kann ich leben.
Marmelade zum Frühstück	2	Vollendete Tatsachen. Ich kaufe diese übersüße Marmelade nicht mehr.

Anschließend überlegte sich Ulrike, in welchen Situationen sie sich ein „Leben ohne Süßigkeiten" am ehesten vorstellen konnte. Das war das Kino, darum bekam es Rangplatz 1 – hier würde sie beginnen, das Naschen zu reduzieren. Die Marmelade auf dem Frühstücksbrot war ebenfalls verzicht-

bar. Den Geschmack dieser Marmelade kannte Ulrike aufgrund jahrelanger Erfahrung zur Genüge. Also vergab sie hier die Silbermedaille. Entsprechend fuhr sie mit den übrigen Situationen fort. Am schwierigsten erschien ihr, ihre Lust auf Schokolade nach einem frustrierenden Arbeitstag einzudämmen (daher Rang 7). Im letzten Schritt überlegte sie sich für jede dieser Situationen eine erfolgversprechende Strategie. Danach machte sich Ulrike an die Umsetzung ihres Plans. Sie begann mit dem Kino. Zu Trainingszwecken ging sie in der ersten Woche gleich dreimal ins Kino. So angenehm hatte sie sich die „Entziehungskur" gar nicht vorgestellt. Der Anfang war also durch die gründliche Vorbereitung sehr erfolgreich. Bei den hinteren Rängen der Gewohnheitsanalyse hatte sie erwartungsgemäß einige Rückschläge hinzunehmen. Hätte sie zu diesem Zeitpunkt nicht schon so viele Teilerfolge verbucht, hätte sie vielleicht aufgegeben. So aber wusste sie bereits, dass sie ohne Süßigkeiten existieren kann.

Anhand dieses Praxisbeispiels werden die erfolgversprechenden Schritte der Gewohnheits-Analyse ersichtlich:

1. Teilgewohnheiten ermitteln.
2. Rangplätze vergeben. Die am leichtesten zu durchbrechende Teilgewohnheit erhält Rang 1.
3. Strategien auf die einzelnen Situationen abstimmen.

Sodann schreiten Sie zur Tat, indem Sie den Hebel beim schwächsten Glied in der Kette (Rang 1) ansetzen, um sie leichter sprengen zu können. Erst, wenn Sie den ersten Schritt erfolgreich absolviert haben, gehen Sie daran, das zweitschwächste Glied der Kette zu zerschlagen. Gehen Sie weiter step by step vor. In dieser Weise können Sie selbst eine so vertrackte Gewohnheit wie das Aufschieben ablegen. (Erstellen Sie eine Liste der Aufgaben, die Sie regelmäßig vor sich herschieben, z. B. rechtzeitiger Beginn mit

Projekt, Ablage, Dokumentation, Kundentelefonate, Reisekostenabrechnung, zu spät das Haus verlassen. Wenn Sie wollen, können Sie diese Aufgaben auch noch weiter nach unterschiedlichen Situationen unterteilen: Welche Art von Projekten schieben Sie wann auf etc.)

Übung 30:
Nehmen Sie auf einem gesonderten Blatt eine Gewohnheits-Analyse vor.

Einmal-am-Tag-Strategie

Letztlich gibt der Stand Ihres Selbstvertrauens-Konto den Ausschlag dafür, wann Sie Ihre alten Gewohnheiten bezwingen. Ihr Auftrag besteht darin, die Überzeugung „Ich kann!" zu gewinnen. Das erreichen Sie durch gezielte Minierfolge.

Den richtigen Moment abpassen

Adrian: Mein Ziel ist es, irgendwann im Laufe des Tages eine Tasse Kaffee nicht zu trinken. Es spielt keine Rolle, welche Tasse das ist. Ich fange einfach dort an, wo es mir am leichtesten gelingt.

Die Einmal-am-Tag-Strategie kann kurzfristig zu einer Erhöhung des Konsums (von Kaffee, Süßigkeiten, Nikotin etc.) führen. Das liegt dann daran, dass Sie noch immer auf einen schnellen Sieg aus sind. Bleiben Sie ganz gelassen und beobachten Sie in Ruhe Ihre alte Gewohnheit. Einmal am Tag schlagen Sie dort zu, wo Ihre Gewohnheit sich am schlechtesten wehren kann. Diese Vorgangsweise nimmt eine Menge Druck von Ihnen. Ihre alte Gewohnheit gerät indessen mächtig unter Druck. Es ist ihr klar, dass Sie ihr auflauern und ausgerechnet an ihrem neuralgischen Punkt zuschlagen werden.

Mini-Erfolge schaffen die Gewissheit: „Ich kann!" Nach und nach können Sie die Einmal-am-Tag-Strategie zur Zweimal- und Dreimal-am-Tag-Strategie ausbauen. Die Erfahrung zeigt, dass es ab diesem Zeitpunkt zunehmend leichter wird. Ihr Selbstvertrauens-Konto ist nun so weit angewachsen, dass Sie die alte Gewohnheit loslassen können und dadurch wieder beide Hände für neues Handeln frei bekommen.

Knoten-Prinzip

Sie haben nun schon einige Ursachen dafür kennen gelernt, die daran Schuld tragen, dass Menschen immer wieder in alte Gewohnheiten zurückfallen. Der banalste Grund ist jedoch, dass wir unsere Vorsätze ganz einfach *vergessen*. Die Auftrittswahrscheinlichkeit eines *ungewohnten* Verhaltens ist ebenso unwahrscheinlich wie die eines *unangenehmen* Verhaltens. Weder sind wir zu faul noch fehlt uns die Motivation. Wir haben unser Ziel bloß aus den Augen und aus dem Sinn verloren. Das ist ganz „normal". Und gerade weil es so normal ist, sollten Sie entsprechende Vorkehrungen treffen!

Auslöser

Kniffe gegen das Vergessen guter Vorsätze Warum gerät der Aufbau einer neuen Gewohnheit mitunter zur Sisyphus-Arbeit? Das wollen wir an einfachen Beispielen nachvollziehen. Menschen nehmen sich vor, dieses statt jenes zu tun. Ein konkreter Vorsatz könnte lauten: „Ich will geduldig sein, statt meinen Partner anzuschnauzen." Was erinnert Sie an Ihr Ziel? Ihr geknickter Partner! Ein anderer Vorsatz könnte sein: „Ich will bei der Arbeit regelmäßig Kurzpausen einlegen." Wodurch werden Sie daran erinnert? Durch Ihre Erschöpfung!

Ohne bewusst einen Auslöser zu erzeugen, bleibt für eine unnötig lange Zeit die alte, unerwünschte Gewohnheit die Erinnerungshilfe für die neue, herbeigewünschte Gewohnheit. Das führt dazu, dass Sie immer wieder in dieselbe Falle tappen, die Sie sich selbst ausgelegt haben. Es ist, als ob Sie sich angewöhnen möchten, in einem vernünftigen Tempo Auto zu fahren. Sicher erinnert Sie jeder Unfall an Ihr Vorhaben. Aber vielleicht um einen Tick zu spät.

Lassen Sie Ihr Stopp-Schild nicht mitten auf der Kreuzung stehen!

Genau das ist der Punkt. Das Feedback „Jetzt habe ich einen Fehler gemacht" ist hilfreich. Aber längst nicht so hilfreich wie das Feedback: „Achtung, jetzt bin ich drauf und dran, einen Fehler zu begehen." Im einen Fall können Sie Schadensbegrenzung betreiben, wobei hinzukommt, dass Sie sich möglicherweise für diesen Fehler selbst verunglimpfen. Wie Sie wissen, schadet das Ihrer Selbstdisziplin nur noch mehr. Im anderen Fall können Sie vorsorgende Maßnahmen ergreifen. Wenn Sie also aus Gründen der Machbarkeit keine Erinnerungshilfen verwenden können, müssen Sie feststellen, was normalerweise passiert, bevor Sie auf die eingefahrenen Verhaltensweisen zurückgreifen!

Auslöser ermöglichen

Vorsicht statt Nachsicht

Mario: Das Wissen um die Wichtigkeit von Auslösern hat mir beim Klavierspielen sehr geholfen. Ich weiß jetzt, dass es sinnlos ist, einen Fehler zu korrigieren, indem ich lediglich die betreffende Note oder den Akkord ins Reine spiele. Dadurch bleibt die falsche Note die Erinnerungshilfe für die richtige. Vielmehr muss ich mir eine Note suchen, die kurz vor der fehlerhaften Stelle steht. Sobald ich diese Note spiele, erinnert diese mich automatisch daran, welche Noten richtigerweise folgen müssen. Ich brauche nicht nur den Fehler nicht zu machen. Ich habe mit dem Fehler nichts mehr zu tun! Er ist in dem Bewegungsprogramm meiner Hände nicht mehr enthalten.

Ein Auslöser leitet automatisch die erwünschte Handlung ein. Der Auslöser steht immer *vor* dem betreffenden Ereignis und triggert das von Ihnen angestrebte Verhalten. Wie sieht so ein Auslöser in Ihrer Praxis aus?

Reizworte sind hilfreiche Auslöser

Bleiben wir bei dem Beispiel, dass Sie in Konflikten mit Ihrem Partner gelassener reagieren wollen. Sicherlich gibt es in diesem Fall etliche Reizwörter oder Killerphrasen („Das ist dein Problem", „Kannst du nicht *wenigstens …* "), durch die Sie leicht die Palme hinaufzujagen sind. Aber auch körperliche Reaktionen können als Auslöser fungieren. Vielleicht steigt Ihnen das Blut zu Kopf, oder Sie bekommen einen trockenen Mund.

Vor allem in Situationen, in denen Sie mit sich allein sind, kann Ihnen der Selbststarter „Eigentlich" als Auslöser dienen. Das trifft beispielsweise auf die angesprochenen Kurzpausen zu. Wieder in anderen Situationen werden es Gedanken sein, die Ihrem bisherigen Verhalten vorausgehen (z. B. „Ich kann Schokolade nicht widerstehen" führt zur exzessiven Schokoladevernichtung). In der Regel ist es wenig praktikabel, genau die Gedanken zu ermitteln, die diesen vorausgehen. Das ist jedoch nicht weiter tragisch. Denn die Gedanken sind ja bekanntlich frei, und es reicht vollauf, dysfunktionale Gedanken als „virtuelle" Erinnerungshilfe zu benutzen, um neue, hilfreiche Ideen zu entwickeln.

Beobachten Sie Ihre Gedanken!

Sie sehen, weshalb so viele Menschen an Ihrer mangelnden Selbstdisziplin verzweifeln. Diese Menschen sind oftmals der Überzeugung, die Kontrolle des Verhaltens selbst sei das Problem. In Wirklichkeit sind es die Gedanken, die zu steuern sind, weil sie es sind, welche die meisten Handlungen erst auslösen. Sie lernen, sich selbst zu steuern, indem Sie beginnen, Ihre Gedanken genauer zu beobachten.

Wenn Sie sich neue Gewohnheiten aneignen wollen, können Sie in vielen Bereichen mit Hilfe der nun folgenden Techniken Ihre Auslöser auch selbst erschaffen. Greifen Sie als Erinnerungshilfe zu dem guten alten Knoten im Taschentuch.

Denkmal-Technik

Erinnerungshilfen sind wie Stolpersteine, die Sie aus Ihrem Alltagstrott herausreißen und an die Dinge erinnern, an die Sie unter normalen Umständen immer erst denken, wenn es bereits zu spät ist.

Sven: Ich gehe seit circa einem Monat laufen – habe mich allerdings auf Grund einiger Ausnahmen noch immer nicht daran gewöhnt. Vielfach fiel mir erst im Bett siedend heiß ein: „Du warst heute gar nicht laufen!" Deswegen stehen meine Laufschuhe jetzt direkt vor der Schlafzimmertür, so dass ich nicht daran vorbeikomme (vor dem Bett wäre es aus olfaktorischen Gründen unpraktisch). Dasselbe Prinzip funktioniert auch bei der Zeitplanung. Meinen elektronischen Organizer lege ich nach dem Tages-Check nicht wie bisher in die nächste Schublade, sondern platziere ihn in der Mitte des Schreibtisches. Damit ist garantiert, dass meine erste Amtshandlung am nächsten Tag ein Blick in den Terminplan sein wird.

Termine als Gedächtnisstütze

Sobald Sie etwas nicht regelmäßig wiederkehrend tun, helfen Ihnen Termine in Ihrem Zeitplaner. Kommt es Ihnen darauf an, zu einer bestimmten Uhrzeit erinnert zu

199

werden, nutzen Sie am besten die Alarmfunktion eines elektronischen Organizers. Erinnerungshilfen sind auch sinnvoll, um sich längerfristige Ziele gründlich einzuprägen, und ergänzen die schriftliche Zielesammlung in Ihrem Zeitplaner, über die Sie wahrscheinlich viel zu selten stolpern. Computerfreaks können sich eigens einen Bildschirmschoner mit ihren wichtigsten Zielen einrichten. Lassen Sie Ihrer Fantasie freien Lauf …

Erschaffen Sie eigene Denkmale!

Auch die Schaffung eines Denkmals wird immer wieder „von erfolgreichen Teilnehmern empfohlen." Sie hängen Ihre letzten Kontoauszüge an diskreter Stelle auf oder heften eine Gewichtstabelle an die Kühlschranktür. Die Kontoauszüge und die Gewichtstabelle beinhalten kein Werturteil. Sie ermöglichen lediglich Feedback. Für wen das Denkmal dennoch zu negativ belegt ist, der kann einen Mittelweg einschlagen und ein *humorvolles* Denkmal schaffen. Einer unserer Teilnehmer entwarf ein Schild als Erinnerungshilfe für seine Schreibtischorganisation. Darauf stand: „Ablegen oder ableben!"

Zum Abschluss ein klassischer Merksatz in Zusammenhang mit dem Prioritäten setzen: „Dient das, was ich gerade tue, meinen Zielen?" Diesen Spruch können Sie etwa an Ihrer Schreibtischlampe befestigen. Es wird Ihnen ein Licht aufgehen, und er wird Ihnen sowie den Autoren wertvolle Dienste erweisen, wenn es darum geht, Prioritäten konsequenter einzuhalten.

1:1-Technik

Koppeln Sie neue an alte Gewohnheiten

Alte Gewohnheiten führen Sie mit hoher Wahrscheinlichkeit ganz spontan aus. Das Gegenteil trifft auf neue Gewohnheiten zu. Daher liegt es nahe, alte Gewohnheiten mit neu zu bildenden Gewohnheiten zu *koppeln*. Genau das tut die 1:1-Technik. Die Routinetätigkeit wird zur Erinnerungshilfe. Für einen Pendler z. B. ist es ein Leichtes, den 5-Finger-Check mit der Heimfahrt zu verbinden. Welche Fixsterne stehen an Ihrem Planungshimmel?

Alt-Neu-Alt-Technik

Die 1:1-Technik geht davon aus, dass Sie neue und alte Gewohnheiten zeitgleich ausüben können. Das ist zwar nicht immer möglich, aber auch nicht weiter schlimm. Betten Sie die neue Verhaltensweise zwischen zwei bereits bestehende Gewohnheiten ein, bereiten Sie sich sozusagen einen Neu-Alt-Neu-Burger zu. Auch hierzu ein Beispiel:

Betten Sie neues Verhalten ein!

Alt: Wecker ausstellen.
Neu: Rückengymnastik im Bett machen.
Alt: Aufstehen.

Reißverschluss-Prinzip

An diesen beiden Techniken knüpft das Reißverschluss-Prinzip direkt an. Wir wollen die praktikable Weisheit „Erst die Arbeit dann das Vergnügen" noch einmal aufgreifen und von einer weiteren Seite her beleuchten. Ausgangspunkt für unser Reißverschluss-Prinzip ist das aus der Verhaltenstherapie bekannte „Premack-Prinzip". Es gibt Tätigkeiten, die Sie als unangenehm empfinden. Angenommen, es gäbe keine äußeren Zwänge, weshalb Sie genau diese Tätigkeiten überhaupt in Angriff nehmen sollten. Dann wäre dem Premack-Prinzip zufolge die Wahrscheinlichkeit, dass Sie diese Arbeiten ganz spontan und von sich aus erledigen, extrem niedrig.

Demgegenüber kennen Sie aus eigener Erfahrung einige überaus angenehme Tätigkeiten, bei denen wir Sie – gäbe es ein „Büroparadies" ohne Sachzwänge – häufig beobachten könnten. Die spontane Auftrittswahrscheinlichkeit ist also umso größer, je höher diese Aktivitäten in Ihrem Ansehen stehen. Am höchsten ist die Spontanauftrittswahrscheinlichkeit, wenn es sich um Ihre Lieblingsbeschäftigungen handelt.

Premack konnte nun nachweisen, dass, wenn auf ein unangenehmes Verhalten ein *weniger* unangenehmes Verhalten folgt, dies bereits als Belohnung wirkt. Neuheitswert besitzt also die Erkenntnis

Belohnungen und Bestrafungen sind relativ.

Belohnen Sie sich nach ungeliebten Aufgaben mit geliebten! Angenommen, der Frühjahrsputz steht wieder einmal ins Haus. Sie „hassen" es, Ihr Auto zu waschen, aber Sie können Gartenarbeiten noch viel weniger leiden. Dann können Sie sich für die Gartenarbeiten mit der Autowäsche belohnen! Im ersten Augenblick denken Sie vielleicht, wir wollten Sie auf den Arm nehmen. Natürlich ist das Autowaschen keine „waschechte" Belohnung. Dafür kostet sie nichts. Das Hauptargument ist aber, dass Sie ein Verhalten, für welches Sie sich regelmäßig belohnen, seinerseits als zunehmend angenehmer einstufen werden! Voraussetzung dazu ist allerdings, dass Sie einen *bewussten* Zusammenhang zwischen den beiden Aktivitäten herstellen (denn die Tatsache allein, dass es „so schön ist, wenn der Schmerz nachlässt", verleitet Sie noch längst nicht dazu, voller Enthusiasmus zum Zahnarzt zu eilen). Wenn Sie allerdings unangenehme Dinge vor sich herschieben, bewirken Sie unbeabsichtigt den umgekehrten Effekt: Die Autowäsche wird immer unangenehmer, weil Sie durch Gartenarbeiten bestraft wird.

Welchen praktischen Nutzen können Sie nun aus diesen Überlegungen ziehen? Machen Sie Gebrauch vom Reißverschluss-Prinzip, bei dem unangenehme und angenehme (bzw. weniger unangenehme) Tätigkeiten sich jeweils abwechseln. Die angenehmen Tätigkeiten sind bestehende Gewohnheiten, an die Sie niemand erinnern muss. Die unangenehmen Tätigkeiten sind die neu zu bildenden Gewohnheiten. Nachstehend finden Sie ein Beispiel, das eine Gruppe von Verkäufern erarbeitet hat.

Uhrzeit	Wertigkeit	Tätigkeit
8:00	–	Fahrtenbuch ausfüllen
8:05	+	E-Mails abrufen
8:10	–	Tagesplanung machen
8:20	+	E-Mails bearbeiten
8:25	– –	Kundentermine vereinbaren
9:00	++	Eine Tasse Kaffee trinken
	–	
...	+	
11:30	– – –	Verträge vervollständigen
12:00	+++	Mittagspause → auf zum Kunden!

Anhand des Beispiels wird das Prinzip kleiner Erfolg – kleine Belohnung, großer Erfolg – große Belohnung deutlich. Die Tagesplanung ist ungewohnt, aber keine große Sache (–). Sie wird durch das Abrufen von E-Mails belohnt (+), wodurch die Neugierde gestillt wird. Die Kundentelefonate wurden von dieser Gruppe als bereits unangenehmer eingestuft (– –). Die Belohnung wächst mit einer Tasse Kaffee entsprechend an (++). Die Verträge durch fehlende Einträge zu ergänzen, wurde als besonders lästig empfunden (– – –), da der Verkauf zu diesem Zeitpunkt geistig bereits abgeschlossen ist. Die Mittagspause in Verbindung mit der Aussicht, nun endlich den Bürojob hinter sich zu haben, ist da die angemessene Belohnung (+++).

Manche Seminarteilnehmer und Klienten berichten, dass der umgekehrte Weg – sich zuerst zu belohnen und erst dann zu arbeiten – ebenfalls funktioniere. Entscheidend ist demnach, dass Sie unangenehme mit angenehmen Tätigkeiten *verknüpfen*. Letztlich sollten Sie für sich herausfinden, welche Reihenfolge bei *Ihnen* am besten zieht.

Übung 31: Ein Tag mit dem Reißverschluss-Prinzip

Legen Sie eine Tabelle mit einem eigenen Beispiel an, wie Sie das Reißverschluss-Prinzip in Ihren persönlichen Tagesablauf integrieren können.

---

1. Schritt sofort

Fangen Sie an Ort und Stelle an! Das 1.-Schritt-sofort-Prinzip besagt, dass Sie mit dem Bilden von Gewohnheiten nicht irgendwann beginnen können. Denn, wie Sie wissen, ist die Wahrscheinlichkeit, dass

Sie ohne Erinnerungshilfe Ihr Vorhaben nicht aus den Augen verlieren, bei ungewohnten oder unangenehmen Verhaltensweisen extrem niedrig. Unternehmen Sie den 1. Schritt sofort. Bringen Sie den Stein ins Rollen. Dort, wo Sie die Entscheidung treffen, sollten Sie direkt vor Ort mit der Umsetzung Ihres Vorhabens beginnen. Der erste Schritt kann darin bestehen:

- mentales Training zu betreiben. Lebhaft vorgestelltes Probehandeln dient dem Aufbau von Gewohnheiten nachweislich fast genauso stark wie das tatsächliche Training. Sie brauchen also kein umfangreiches Zubehör. Mit dem Bilden einer neuen Gewohnheit können Sie ebenso gut im Kopf beginnen.
- einen Termin zu vergeben. Das ist das Mindeste, was Sie tun können. Auch wenn Sie vielleicht im Augenblick tatsächlich keine Zeit für mentales Training oder tatsächliche Handlungen haben.
- mit Vorbereitungen (z. B. der Suche nach Informationen) beginnen. Machen Sie sich durch einen symbolischen Akt glaubhaft, dass Sie Ihr Ziel ernst nehmen. Das kann ein scheinbar unbedeutender Schritt sein, wie beispielsweise im Fitness-Studio anzurufen, um sich nach den Öffnungszeiten und Preisen zu erkundigen.
- mit Ihnen nahe stehenden Personen über Ihr Vorhaben zu reden. Sofern es sich um eine wohl überlegte Entscheidung handelt – wovon wir ausgehen –, schaffen solche Gespräche zusätzliche Verbindlichkeit.
- eine Erinnerungshilfe zu schaffen. Wenn Sie gerade auf Urlaub sind und nicht sofort beginnen können, schicken Sie sich selbst eine Postkarte, die Ihnen zu Hause als Erinnerungsstütze dienen wird.

Die Probe aufs Exempel wagen

Das Prinzip „1. Schritt sofort" ist damit zugleich die Probe für Ihr Ziel. Unmittelbar nach dem Definieren eines Ziels ist die Motivation besonders stark. Wenn Sie jetzt nicht bereit sind, etwas zu unternehmen, wann dann? Kommen Sie ins Handeln, ohne großartig darüber nachzudenken (handeln, nicht denken). Letzteres haben Sie im Zuge der Entscheidungsfindung (denken, nicht handeln) bereits ausgiebig getan. Demonstrieren Sie Ihren guten Willen, und fangen Sie jetzt an. Sie müssen sich Ihrer Sache nicht hundertprozentig sicher sein. Sie brauchen auch nicht in der richtigen Verfassung zu sein. Insbesondere beim ersten Schritt gilt: „Es muss nicht leicht sein!"

> Wer neu anfangen will, soll es sofort tun, denn eine überwundene Schwierigkeit vermeidet hundert neue.
> (Confuzius)

Schlussbetrachtung

Unsere moderne Gesellschaft zeichnet sich durch ein zunehmendes Streben nach persönlicher Freiheit aus. Diese Strömung ist zu begrüßen. Nur leider wird Selbstdisziplin häufig mit Disziplinierung in einen Topf geworfen und als Fremdbestimmung missverstanden. Von der ursprünglichen Wortbedeutung her heißt autonom sein, nach eigenen Gesetzen zu leben (griechisch: autos = selbst, nomos = Gesetz). Wohlgemerkt: nach *eigenen* Gesetzen leben – nicht nach *überhaupt keinen!* Gesetze schränken definitionsgemäß Ihren Handlungsspielraum ein und verlangen Ihnen Selbstdisziplin ab. Dadurch entsteht jedoch erst die Chance, sich selbst zu verwirklichen.

Nach eigenen Gesetzen leben

Der weise Satz „Der Weg ist das Ziel" wird im Zuge der Konsumgesellschaft regelmäßig fehlinterpretiert. Der verquere Gedankengang windet sich in etwa so: „Wenn der Weg das Ziel sein soll, gibt es folglich gar kein Ziel, sondern nur den Weg. Also ist es egal, welchen Weg ich einschlage. Ich genieße den heutigen Tag – ganz gleich, was morgen passieren wird." Doch wer keine langfristigen Ziele hat, für die es sich auch lohnt, einmal auf etwas zu verzichten, der übersieht die Wegweiser des Lebens und verirrt sich in verlockenden Sackgassen. Selbstdiszipliniert zu leben bedeutet, auf kleine, kurzfristige Belohnungen verzichten zu können, um langfristig den eigenen Nutzen zu maximieren. Selbstdisziplin erhöht auf diese Weise schlagartig Ihre Lebensqualität.

Selbstdisziplin erhöht Ihre Lebensqualität

Beginnen Sie heute! Jetzt, da Sie dieses Buch gelesen und durchgearbeitet haben, wird es für Sie darauf ankommen, das erworbene Wissen auch in die Praxis umzusetzen. Falls das „Projekt Selbstdisziplin" Ihnen wie ein unüberwindliches Hindernis erscheint, so lassen Sie sich nicht von diesem Eindruck abschrecken.

Vieles wird sich mit der Zeit entwickeln, sobald Sie einmal *angefangen* haben. Konzentrieren Sie sich daher nicht so sehr auf das gelungene *Ende* Ihres persönlichen Projekts, sondern auf seinen *Start*. Gleich jetzt.

Wenn Sie einsatzorientiert handeln und jeden Tag aufs Neue Ihr Bestes geben, werden Sie Ihr weiteres Leben nach Ihren Vorstellungen und Werten gestalten können und Ihre Ziele sicher erreichen. Das wünschen wir, die Autoren, Ihnen, geschätzte Leserinnen und Leser, von ganzem Herzen.

> Im Anfang war die Tat.
> (Johann Wolfgang von Goethe)

Ihr Autorenteam
Marc Stollreiter und Johannes Völgyfy

Wir sind für Anfragen und Feedback erreichbar:
Marc Stollreiter:
stollreiter@prorelatio.com und
www.prorelatio.com

Johannes Vögyfy:
mail@voelgyfy.com und
www.voelgyfy.com

Wien, Januar 2001

Literaturverzeichnis & Lesenswertes

Die mit einem Stern gekennzeichneten Titel empfehlen ganz besonders zur Lektüre.

Alfermann, D. , Stoll, O. (1999). *Motivation und Volition im Sport: Vom Planen zu Handeln.* Köln: bps.

Baumeister, R., Heatherton, T. F., Tice, D. M. (1994). *Losing control. How and why people fail in self-regulation.* San Diego: Academic Press.

Bruno, F. J. (1998). *Nichts mehr aufschieben.* München: Droemer-Knaur.

Burka, J. B., Yuen, L. (1983). *Procrastination: Why you do it. What to do about it.* Reading/Massachusetts: Perseus Books.

Carr, A. (1998). *Endlich Nichtraucher: Der einfache Weg, mit dem Rauchen Schluss zu machen.* München: Goldmann.

Csikszentmihalyi, M. (1992). *Flow: Das Geheimnis des Glücks.* Stuttgart: Klett-Cotta.

Covey, S. (1998). *Der Weg zu Wesentlichen. Zeitmanagement der vierten Generation.*
Frankfurt/Main; New York: Campus.

Covey, S. (1994). *Die sieben Wege zur Effektivität: Ein Konzept zur Meisterung Ihres beruflichen und privaten Lebens.*
Frankfurt/Main; New York: Campus.

Coué, E. (1997). *Die Selbstbemeisterung durch bewusste Autosuggestion.*
Basel: Schwabe & Co.

Ellis, A. (1979). *Overcoming procrastination.*
New York: Penguin Books.

Ellis, A., Lange, A. (1994). *How to keep people from pushing your buttons.*
New York: Birch Lane Press.

Fensterhaim, H., Baer, J. (1993). *Sag nicht Ja, wenn Du Nein sagen willst.*
München: Orbis.

Fiore, N. (1989). *The now habit.*
New York: Penguin Books.

Goleman, D. (1999). *EQ 2. Der Erfolgsquotient.*
München: Carl Hanser.

Graichen, W. U., Seiwert, L. J. (1995). *Das ABC der Arbeitsfreude: Techniken, Tips und Tricks für Vielbeschäftigte.*
München/Landsberg am Lech: mvg.

Johnson, S. (1987). *Eine Minute für mich.*
Reinbek bei Hamburg: Rowohlt.

Kendall, P. C., Braswell, L. (1993). *Cognitive-behavioral therapy for impulsive children.*
New York: Guilford Press.

Kirschner, J. (1999). *So lernen Sie, sich selbst zu lenken: Sechs einfache Techniken, Ihr Leben zu ändern.*
München: Droemer-Knaur.

Knaus, W. (1998). *Do it now! Break the procrastination habit.*
New York: John Wiley & Sons.

Loehr, J. E. (1997). *Tennis im Kopf. Der Mentale Weg zum Erfolg.*
München, Wien, Zürich: BLV.

Logue, A. W. (1996). *Der Lohn des Wartens: Über die Psychologie der Geduld.*
Heidelberg; Berlin; Oxford: Spektrum Akademischer Verlag.

Newcombe, J., Newcombe, K. (1999). *I'll do it tomorrow: How to stop putting it off and get it done today.*
Nashville/Tennessee: Broadman and Holman Publishers.

Rückert, H.-W. (2000). *Schluss mit dem ewigen Aufschieben: Wie Sie umsetzen, was Sie sich vornehmen.*
Frankfurt/Main: Campus.

Sapadin, L., Maguire, J. (1999). *Beat procrastination and make the grade: Six styles of procrastination and how students can overcome them.*
New York: Penguin Books.

Seiwert, L. J. (1998). *Wenn Du es eilig hast, gehe langsam.*
Frankfurt/Main, New York: Campus Verlag.

Seligman, M. E. (1992). *Erlernte Hilflosigkeit.*
Weinheim: Psychologie-Verlags-Union.

Shubentsov, Y., Gordon, B. (1999). *Cure Your cravings: The revolutionary program used by thousands to conquer compulsions.*
New York: Perigee.

Sprenger, R. K. (1997). *Die Entscheidung liegt bei Dir! Wege aus der alltäglichen Unzufriedenheit.*
Frankfurt/Main, New York: Campus Verlag.

Stollreiter, M., Völgyfy, J., Jencius, T. (2000). *Stress-Management: Das WAAGE-Programm ® für mehr Erfolg mit weniger Stress.*
Weinheim: Beltz.

Stichwortverzeichnis